hänssler

Cornelia Mack (Hrsg.)

PRAXISBUCH

Feste für Frauen

- Sonnenblumenfest
- Das Fest des Lebens
- Der Weg zur Krippe
- Liturgische Wanderung
- u.a.

Cornelia Mack, Jahrgang 1955, Pfarrfrau und Mutter von vier Kindern, studierte Sozialpädagogik und ist heute in der Gemeindearbeit, als Referentin bei Frühstückstreffen für Frauen, in der Mitarbeiterschulung und Erwachsenenbildung tätig. Daneben ist sie Autorin und Herausgeberin zahlreicher Bücher.

Hänssler
Bestell-Nr. 394.198
ISBN 3-7751-4198-7

© Copyright 2004 by Hänssler Verlag, D-71087 Holzgerlingen
Internet: www.haenssler.de
E-Mail: info@haenssler.de
Umschlaggestaltung: oha werbeagentur, Oliver Häberlin, CH-9470 Buchs,
www.oha-werbeagentur.ch
Titelbild: Corel Photography, Canada
Satz: Vaihinger Satz & Druck, Vaihingen/Enz
Druck und Bindung: Ebner & Spiegel, Ulm
Printed in Germany

Die Bibelstellen sind in der Regel nach Lutherbibel, revidierter Text 1984, durchgesehene Ausgabe in neuer Rechtschreibung, © 1999 Deutsche Bibelgesellschaft, Stuttgart zitiert.

Inhalt

➤ Vorwort 7

- Mirjam – befreit zu neuem Leben *(Gudrun Theurer / Kitta Andrees)* 9
- Das Fest des Lebens – Lernen von Maria *(Cornelia Mack)* 25
- Lydia-Fest *(Ulrike Rusheweyh/Frauengesprächskreis Friedrichstal)* . . 38
- 1001 Nacht – zwischen Wunschtraum und Wirklichkeit
  (Team des Frauenverwöhnabends Schorndorf) 49
- Farbenfest / Regenbogenfest *(Cornelia Mack)* 59
- Weißt du, wie viel Sternlein stehen ... *(Margarethe Scheck)* . . 75
- Muttertagsfest *(Monika Gamm)* 85
- Worte, Worte, Worte *(Margarethe Scheck)* 88
- Musikkongress *(Roswitha Eberbach)* 98
- Musik liegt in der Luft *(Elisabeth Schunter)* 105
- Gartenbild – Lebensbild *(Patricia Schmid)* 121
- Sonnenblumenfest *(Doris Mannhardt)* 132
- Kartoffelfest in der Herbstzeit *(Brigitte Götschke)* 140
- Erntedankfest *(Doris Mannhardt)* 145
- Weihnachten heißt: Dahinter schauen *(Angelika Rühle)* 152
- Der Weg zur Krippe *(Rosemarie Baier)* 164
- Liturgische Nachtwanderung: In die Nacht – dem Tag entgegen
  (Sigrid Erbes-Bürkle) 173
- Kirche mit allen Sinnen erleben *(Cornelia Mack)* 184

➤ Quellennachweis 196

Vorwort

Feste in unserem Leben sind wichtig. Sie lassen uns innehalten, zurück und nach vorne schauen. Sie sind Orientierungspunkte und Stützen im Fluss unseres Lebens. Miteinander feiern stiftet auch Gemeinschaft untereinander, es stärkt unsere Freundschaften, und es führt uns ins Danken.

In der Bibel finden wir viele Feste – sowohl im Alten wie im Neuen Testament. Noah, Abraham, Josef, David, Salomo und viele andere – sie alle wussten zu feiern.

Jesus hat mit seinen Jüngern gefeiert und sogar Ausgestoßene mit an den Tisch genommen, für die andere keinen Platz an der Festtafel bereitgestellt hätten.
Jesus war zu Gast auf einer Hochzeit, er feierte das Laubhüttenfest, das Passahmahl mit seinen Jüngern und er erzählte immer wieder auch in Gleichnissen von Festen: Gott ist wie ein Gastgeber, der gerne zu einem Fest einlädt. Das Himmelreich ist wie ein Festmahl. Im Himmel ist ein Fest über jeden Sünder, der Buße tut. Eine Frau, die eine Münze verloren und wieder gefunden hatte, bereitete ein Fest. Der Vater, der seinen verlorenen Sohn wieder zurückhatte, ließ ein Fest ausrichten. Jesus erklärt damit: Gott will mit uns seine Freude teilen.
Christen waren schon in der Urgemeinde zusammen, um miteinander zu beten und Gottesdienst zu feiern. Dieser Glanz der Freude an Gott soll sich auch in unserem Leben zeigen und darf sich auch in unseren Gestaltungen von Gruppen und Kreisen widerspiegeln.

Miteinander singen, beten, tanzen, essen, lachen und sich freuen. Im Alltag innehalten, das Danken nicht vergessen und über all dem Gott zu loben – das sind wesentliche Elemente unseres christlichen Glaubens.

Wenn wir miteinander feiern, feiern wir nicht uns selbst, sondern dass unser Leben einen Bezug zu Gott hat und dass wir auf ein Ziel zugehen. Von diesem Ziel bekommt unser Alltag seinen Glanz.

Das vorliegende Buch enthält Vorschläge für viele unterschiedliche Feste. Viele Frauen haben mit ihren Erfahrungen dazu beigetragen, dass dies eine Fundgrube für kreative und liebevoll ausgedachte Feste geworden ist.

Die Feste sind geordnet nach biblischen Frauengestalten, die uns einladen, von ihrem Leben zu lernen und mit ihnen zu feiern, es sind Feste zu einzelnen Themen vorgeschlagen und Feste entlang des Jahres- und Kirchenjahresrhythmus.

So unterschiedlich wie die Autorinnen sind, sind auch die einzelnen Beiträge in Form, Stil und Länge.

Für jede Gruppe und jeden Kreis werden sich viele Feste zur Umsetzung eignen.

Allen Benutzerinnen wünsche ich frohe Feste und ein Leben im Horizont des ewigen Festes bei Gott, auf das wir alle zugehen.

Cornelia Mack

Gudrun Theurer / Kitty Andrees

Mirjam – befreit zu neuem Leben

Zielgruppe: Frauen jeden Alters
Personenzahl: keine Begrenzung
Ort: innen

▶ Einführung

Eine der faszinierendsten Frauengestalten der Bibel ist Mirjam, die Schwester Moses und Aarons.

In ihrer Lebensgeschichte begegnen uns viel Not, Enttäuschungen, Hoffnungen, Entbehrungen und schließlich die Erfahrung eines wunderbaren Neuanfangs. Mirjam lässt sich in die große Verheißung Gottes hineinnehmen: Ich will dich erlösen. Ich will dich befreien von aller Knechtschaft. Mirjam erfährt diese Befreiung und bricht in Jubel aus: »Da nahm Mirjam, die Prophetin, Aarons Schwester, eine Pauke in ihre Hand und alle Frauen folgten ihr nach mit Pauken im Reigen« (2. Mose 15,20).

Diesen Lebensweg aus der Not in die Freiheit, die Gott schenkt, wollen wir in Texten und Tanz – also mit Leib und Seele – nachempfinden. Dazu gibt es 7 fortlaufende Stationen, in denen wir auch den Spuren unseres eigenen Lebens nachgehen können.

▶ Rahmengestaltung:

Bodenbild, um das sich die Gruppe immer wieder sammelt.
Texte aus der biblischen Geschichte, in die Mirjam eingebunden ist.
Texte, die uns helfen, Gottes Spuren in unserem eigenen Leben zu sehen.

Tänze, die den Weg aus der Knechtschaft in die Befreiung durch Gott ausdrücken.

➤ Gestaltungsvorschlag

- ✗ Zu Beginn kann eine Frau einige grundsätzliche Gedanken zum Thema »biblisches Tanzen« sagen (siehe 1.). Das bietet sich vor allem dann an, wenn Teilnehmerinnen dabei sind, die vielleicht noch keine Erfahrungen damit haben.
- ✗ Als Einleitung ist eine kurze Nacherzählung des Lebens der Mirjam zu empfehlen (siehe 2.). Dabei sitzt man am besten im Kreis um das Bodenbild. Während des Erzählens wird dieses ausgestaltet: Mirjam (biblische Figur), Steine, Dornen, vertrocknetes Brot für die Knechtschaft etc.
- ✗ Zu Beginn des Teils 3, der fortlaufend die Geschichte der Mirjam schildert, bietet es sich an, alle Tänze einmal kurz vorzustellen und mit der Gruppe zu tanzen. Dann muss man sie später nicht erstmals einstudieren.

1. Tanzen – ein Ausdruck der Hingabe an Gott
Ein kurzer Einblick in biblisches Tanzen

Tanz als Ausdruck der völligen Hingabe an Gott ist für die Menschen des Alten Testaments ganz selbstverständlich gewesen. David tanzt ausgelassen und voller Freude, als er die Lade Gottes nach Jerusalem bringt (2. Samuel 6). Saul wird kurz nach seiner Salbung zum König vom Heiligen Geist erfüllt und tanzt mit einer Schar von Propheten (1. Samuel 10,5.6.10.11). Die Tochter des Richters Jeftah kommt ihrem Vater nach dessen großartigem Sieg über die Ammoniter entgegen – und sie tanzt im Reigen. Sie tanzt, weil sie Gottes Größe und das Wunder seiner Rettung nicht nur in Worte fassen kann (Richter 11,34).

Wir kennen den Ausdruck, »mit Leib und Seele« bei einer Sache zu sein. Damit meinen wir, dass ein Mensch ganz und gar ergriffen ist von dem, was er tut.

Das meint wohl der Apostel Paulus, wenn er im Römerbrief schreibt (Römer 12,1): »Ich ermahne euch nun, liebe Brüder, durch die Barmherzigkeit Gottes, dass ihr eure Leiber hingebt als ein Opfer, das lebendig, heilig und Gott wohlgefällig ist. Das sei euer vernünftiger Gottesdienst.« Damit ist nicht nur ein Hinweis auf korrektes Tun gemeint, sondern noch mehr: Glaube vollzieht sich nicht nur im Kopf und im Verstand. Er umfasst auch unseren Körper. Unsere Freude an Gott, unsere Erfahrung seiner Nähe soll uns ganzheitlich berühren und in Bewegung setzen. Auch das Tanzen kann Gott ehren. Hier ist der ganze Körper, hier sind alle Sinne des Menschen angesprochen. Alles, was wir haben, wird zum Lob eingesetzt. Tanz fördert das seelische und körperliche Gleichgewicht. Er fördert meine Wahrnehmung für mich, für Gott und für meine Mitmenschen. Im Tanzen können wir unsere innersten Emotionen erfahren und ausdrücken. Der Tanz ist ein Ventil für Gefühle und Gedanken, die wir loslassen und ausdrücken können.

2. Die Frau »Mirjam« – eine Einleitung
»Aus Unterdrückung und Angst zu neuem Leben erwacht«
So könnte man das Leben Mirjams in Kurzform überschreiben.

Aufgewachsen in Ägypten, in einer Familie, die wie alle israelitischen Familien Sklavenfamilien waren. Bereits als kleines Mädchen erfährt sie, was Bedrohung, Hilflosigkeit und Angst bedeuten. Nach ägyptischem Gesetz müssen alle männlichen israelitischen Säuglinge getötet werden. Sicherlich hat sie die Häscher gesehen, die dann und wann die Wohnungen durchsuchten. Sie hörte das Weinen und Schreien der Mütter und Kinder. Sie spürte die Ohnmacht ihres Volkes. Und sie spürte noch etwas: dieses Vertrauen auf Gott, der ihre Not sah. Er würde sein Volk nicht vergessen!

Irgendwann kommt der Tag, an dem ihr bewusst wird: Nun trifft dieses namenlose Leid auch meine Familie. Die Geburt ihres kleinen Bruders ist ein Schock!

Aber Mirjam erfährt nicht nur ein klagendes Entsetzen, sie erfährt auch die Stärke und Klugheit ihrer Mutter. Diese gibt nicht auf, sie akzeptiert kein blindes Schicksal. Im Vertrauen darauf, dass Gott hilft, wagt sie es, innerhalb der ihr gebliebenen Möglichkeiten zu handeln. Sie schaut nicht auf ihre Grenzen, sondern wagt ihre Chancen. Das erlebt Mirjam und das prägt sie. Der kleine Bruder wird in ein Weidenkörbchen gelegt und auf dem Nil ausgesetzt. Als die Tochter des Pharao badet, findet sie das Kind im Schilf. Mirjam, die alles beobachtet, läuft nicht sofort nach Hause und erzählt, dass ihr Brüderchen überlebt hat. Nein, mutig und klug überwindet sie alle kindliche Scheu vor dieser vornehmen Gesellschaft. Sie bietet der Königstochter an, eine jüdische Frau als Amme für das Kind zu nehmen. Dass diese Amme die Mutter ist, bleibt ihr Geheimnis.

Mirjam wird erwachsen. Um sich herum sieht sie ein Volk, dessen Hoffnung auf Gott fast erlahmt ist. Ein Volk, dessen seelische Kraft ausgedörrt ist wie ein Bach in der Sommerhitze.

Mütter, die ihre Kinder im Arm halten und sich fragen: Wird ihre Zukunft jemals besser werden? Ist das Leben? Diese Schinderei, dessen einzige Zukunft der Tod ist?

Dann kommt Mose wieder. Nach Jahren der Flucht und der Einsamkeit in der Wüste kehrt er zurück. Er kommt im Auftrag Gottes: Mose soll das Volk Israel in die Freiheit führen. Die Zukunft bricht an! Das Leben der Knechtschaft wird bald vorbei sein und das von Gott verheißene, neue Leben wird beginnen! Mirjam vertraut darauf.

Sie erlebt das Wunder der neuen Freiheit. Sie lässt sich hineinnehmen in die Geschichte der Liebe Gottes zu den Menschen. Freiheit beginnt – das Alte ist vergangen – sie darf ein neues Leben wagen! Mirjam tanzt und singt – mit Leib und Seele feiert sie das Wunder ihrer Befreiung und ihres Neuanfangs.

3. 7 Stationen
Befreit zu der Zukunft, die Gott mir schenkt
Zu Beginn einmal alle Tänze üben.

TIPP *Die Leiterin der Tänze sollte diese auswendig einstudiert und vorher mehrmals mit der Musik ausprobiert haben. Wir haben bewusst einfache Tanzschritte ausgewählt, sodass sie auch für Ungeübte problemlos und schnell zu erlernen sind.* **TIPP**

→ STATION 1
Textgrundlage: 2. Mose 5,1.2.6-9
Symbol: Steine und / oder Dornen

- **Einleitende Gedanken**

Die Last des Lebens ist schwer. Sie drückt nieder. Wo Mirjam auch hinschaut, sie sieht so viel Mühe und Plage. Die Grausamkeiten um sie herum sind kaum mehr zu ertragen. Menschen werden geknechtet, Kinder getötet, Mütter zerbrechen fast an ihrem Leid. Und sie selbst? Oft fragt sie sich: »Wie lange kann ich das noch ertragen? Hört Gott mich nicht? Andere, die Ägypter, haben die Macht über mich. Sie bestimmen mein Leben, sie nehmen mir allen Mut und sie lassen mein Herz verdorren.«

Mirjams Leben kam nicht von der Stelle, ihr Leben war kein Tanz, sondern nur aufgezwungene Arbeitsbewegung.

Und wir? Wer sind die Ägypter in unserem Leben? Oft fühlen auch wir uns gelähmt in den Grenzen, die uns auferlegt sind. Sehen wir dann noch die Hoffnung, die über unserem Leben steht: die Hoffnung auf inneren Frieden und Geborgenheit bei Gott? Vertrauen wir auf die Kraft Gottes, die uns antreibt zu mutigem Handeln und zum Durchhalten? Wer oder was bestimmt negativ und lähmend mein Tun und meine Gedanken und hindert mich, in der Freiheit zu leben?

- **Erklärung des Tanzes**

Die Tanzbewegung drückt diese Last und Schwere des Lebens aus. Wir gehen zwar nach vorne, aber spüren auch, wie wir immer wieder einen Schritt nach hinten zurückgehen.

Alle stehen im Kreis um das Bodenbild und drehen sich $1/4$ Drehung nach rechts. Die rechte Hand wird auf die linke Schulter der vorderen Nachbarin gelegt. So spüren wir die Last, die auf unseren Schultern ruht.

Dann gehen wir im Tanzschritt (siehe Seite 14) gegen den Uhrzeigersinn im 4/4-Takt: linker Fuß vor, rechter Fuß vor, linker Fuß zurück, rechter Fuß wieder nach vorne.

Tanzschritt Station 1
»Pilgerschritt«

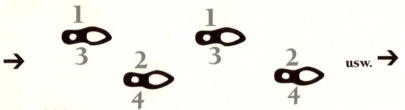

• *Durchführung*
Musikvorschlag: »Freedom«
Während des langen Vorspiels stehen wir bereit. Wir bewegen uns nicht, sondern spüren ganz bewusst die Last auf unseren Schultern. Wenn die eigentliche Flötenmusik beginnt, gehen wir im Tanzschritt. Wir kommen in Bewegung. Zum Schluss wird die Musik schneller und wir ahnen etwas von der Hoffnung auf Freiheit.

• *Ausklang am Bodenbild*
Steine oder Dornen werden als Symbole für das Schwere im Leben hingelegt.

→ **STATION 2**
Textgrundlage: 2. Mose 11,1.4-7; 12
Symbole: ein rotes Tuch, Brot und Wein, Rucksack

• *Einleitende Gedanken*
Das Volk ist bereit zum Aufbruch. Aber kein Aufbruch geschieht so, dass man einfach nur irgendwann losmarschiert. Jeder Aufbruch ist ein großer Einschnitt im Leben. Es ist die Befreiung vom Alten und das Geschenk des Neuanfangs.

Am Abend des Aufbruchs ging der Engel des Todes durch Ägypten. Gott spricht sein deutliches »Nein« zur Knechtschaft des Pharao und seiner Auflehnung gegenüber Gott.

Nur die Israeliten blieben verschont. Denn sie hatten die Türpfosten ihrer Häuser mit dem Blut eines Lammes eingestrichen. Der Tod zog an ihnen vorüber. Durch das Blut des Lammes wurden sie gerettet.

Musik: »The cross« oder von der gleichen CD »O Haupt voll Blut und Wunden«.

Währenddessen **Texte** (evtl. in Auswahl) vorlesen:

> »*Fürwahr, er trug unsre Krankheit und lud auf sich unsre Schmerzen. Er ist um unsrer Missetat willen verwundet und um unsrer Sünde willen zerschlagen. Die Strafe liegt auf ihm, auf dass wir Frieden hätten, und durch seine Wunden sind wir geheilt.*«
> (Jesaja 53,4-5)

> *Stirb mit dem, der lebt, dass du auferstehst mit dem, der gestorben ist, und lebst mit dem, der auferstanden ist.*
> (Raphael Rombach)

Der Weg in die Zukunft des Lebens, auch meines Lebens, ist immer ein Weg durch den inneren Zerbruch. Ich kann nicht einfach losmarschieren. Ich muss abschließen mit dem, was hinter mir liegt. Ich muss erkennen, was mich belastet, beschwert und am Aufbruch hindert. Ich muss erkennen, was für mein neues Lebens wichtig – und was unwichtig oder gar hinderlich ist.

Auch Mirjam wird das so erlebt haben. Vieles lässt sie zurück. Mitnehmen kann sie nur, was in ihren Rucksack passt. – Sie muss aussortieren, Prioritäten setzen. Sie muss sich fragen: Was brauche ich wirklich? Was ist wichtig für mein neues Leben? Was zählt?

Was muss ich loslassen? Wo hänge ich innerlich an Dingen, die mich beim Aufbruch hindern?

Das Ziel des neuen Lebens gibt uns Gott selbst: »Ich will euch aus dem Elend Ägyptens führen in das Land …, darin Milch und Honig fließt« (2. Mose 3,17).

- ***Erklärung des Tanzes***

A = 2 Takte im Tanzschritt (siehe Seite 16) nach rechts
B = 2 Takte im Tanzschritt nach links

C = 4 Takte in Wellenbewegung (auf den 1. Schlag des Taktes bewegen sich alle zum Zentrum des Kreises hin und heben dabei die Hände. Auf den 3. Schlag des Taktes bewegen sich alle wieder zurück und senken dabei die Arme.)
Diese Wellenbewegung wird dann 4 Mal hintereinander ausgeführt. Sie stellt das »Fließen von Milch und Honig« dar.

Tanzschritt Station 2
»Mayimschritt«

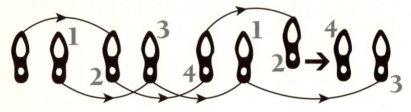

1. rechter Fuß zur Seite
2. linker Fuß wird über dem rechten gekreuzt
3. rechter Fuß zur Seite
4. linker Fuß wird hinter dem rechten gekreuzt

• *Durchführung*
Musikvorschlag: Erez sawat chalaw – Rainer Lemke

• *Abschluss am Bodenbild*
  ✗ Die Symbole werden in das Bild hineingelegt.
  ✗ Für jede Frau: kleine rote Tücher und Dornenzweige oder Steine bereithalten. Sie kann die roten Tüchlein für Dinge benutzen, die Jesus durch sein erlösendes Handeln in ihrem Leben heilen soll. Die Steine oder Dornen können als Symbole für das gewählt werden, was jede hinter sich lassen möchte.

→ STATION 3

Textgrundlage: 2. Mose 13,17-22
Symbole: Sand, Bilder von Wolke und Feuer

• *Einleitende Gedanken*

Wüste – für Mirjam ist sie nun die neue Lebenswirklichkeit. Sand, Weite wohin das Auge schaut. Stille, Einsamkeit – Angst. Wo ist nun der Weg? Verirren wir uns? Woher bekomme ich nun all das, was ich zum Überleben brauche? Vielleicht erreichen wir auch gar nicht unser Ziel, vielleicht ist alles ganz umsonst!
Wüstenwanderungen gehören zum Leben dazu. Übergangszeiten im Leben sind meistens Wüstenzeiten: Zeiten, in denen wir unterwegs sind zu neuen Lebensabschnitten. Das Alte haben wir zwar bereits verlassen, aber im Neuen sind wir noch nicht angekommen. Wüstenzeiten sind Zeiten der Anfechtung, Zeiten des Zweifels, Zeiten, in denen wir auch vor Gott sehr ehrlich werden. Innere Veränderung und Reifung geschieht in den Wüsten des Lebens.
Aber dort gilt es dann ganz besonders: Gott geht mit – manchmal verborgen –, aber er geht mit!
Mirjam sieht es ganz deutlich in der Wolken- und Feuersäule: Gott ist da! Er geht mit uns!

Tanz mit Lied
Das Lied kann durch ein Instrument begleitet werden. Es ist aber auch sehr einfach mit einer Gruppe a capella einzuüben.

Lied: Immanuel (Quelle unbekannt)

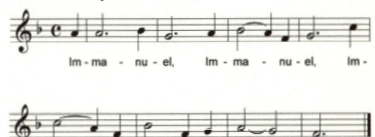

Tanzschritte Station 3
Erstes Immanuel: Eine Hand und die Augen hoch zu Gott erheben (als wolle man ihn berühren).
Zweites Immanuel: Die erste Hand bleibt erhoben, die zweite Hand von der Hüfte heraus bewegen und einen großen Kreis damit beschreiben, während man sich nach rechts um die eigene Achse dreht (so als wolle man Gottes Gegenwart um sich herum damit anzeigen).
Drittes Immanuel: Hände der Personen auf beiden Seiten ergreifen, zuerst die eine Person, dann die andere anschauen.
Gott ist mit uns: Sanft zuerst nach rechts und dann nach links wiegen.

- *Durchführung*

Während des Tanzens wird das Lied von allen Teilnehmerinnen gesungen. Das ist auch gut ohne Begleitinstrument möglich.
Es bietet sich an, den Tanz so lange zu wiederholen, bis die Bewegungen ganz entspannt getanzt werden und Text und Tanz miteinander eins geworden sind.

- *Abschluss am Bodenbild*

Die Symbole (Sand, Bilder von Wolke und Feuer) werden gelegt.

- *Textlesung: Wüstenzeiten des eigenen Lebens*

Du stirbst viele Tode – du läufst viele Male davon
du fällst immer wieder hin – du wirst immer wieder eingeholt
bis du – zu Ihm hin auferstehst –
du hältst sie aus – die Einsamkeit
die Stille, das Schweigen – Er ist bei dir
Trau Ihm – du zerbrichst nicht
du wächst und lebst – aus Ihm.
       Margot Bickel

→ STATION 4
Textgrundlage: 2. Mose 14,10-12
Symbol: Wanderstab

• *Einleitende Gedanken*
Pharaos Herz verhärtet sich. Die Vergangenheit holt die Israeliten wieder ein.

So ist das vielfach im Leben. Das Alte lässt sich nicht so leicht abschütteln. Immer wieder kann es seine alten Besitzrechte anmelden und das gerade entstehende neue Leben bedrohen.

Die alten, wenn auch versklavenden Strukturen waren ja so vertraut. Sie üben noch immer ihre Macht aus. Sie gaukeln Mirjam und den anderen Israeliten vor: an den Fleischtöpfen der Sklaverei war es doch immer noch besser, als auf einem unbekannten Weg dem großen Ziel entgegenzugehen!

Die Macht des Alten versucht das Volk noch einmal für sich einzunehmen. Aber Gott hat uns Menschen zum befreiten Leben eingeladen. Damals und heute!

Was zieht mich nach hinten zurück?

Was hindert mich am befreiten Leben?

• *Erklärung des Tanzes*
✗ Der Tanz ist aufgebaut aus 8 Takten, die sich immer wiederholen.
✗ Alle stehen im Kreis und halten sich an den Händen.
✗ Zuerst ¼ Drehung nach links. Dann bewegt man sich gegen den Uhrzeigersinn – also rückwärts!
✗ Die Bewegung soll an Marschieren erinnern.

Tanzschritt Station 4

2 Takte Rückwärtsbewegung nach rechts – angefangen mit dem rechten Fuß – umdrehen – 2 Takte Rückwärtsbewegung nach links, angefangen mit dem linken Fuß – nun dreht man die Gesichter zur Mitte und lässt einander an den Händen los – 4 Schritte nach hinten – (anfangen mit dem linken Fuß) – 4 Schritte nach vorne – (anfangen mit dem linken Fuß) – 4 Schritte nach hinten – 4 Schritte nach vorne.

• **Durchführung**
Musik: *Ashton* von M. W. Smith
   Beim Vor- und Nachspiel bleibt man ruhig stehen. Getanzt wird nur während der eigentlichen Melodie.

• **Abschluss am Bodenbild**
Ablegen des Symbols (Wanderstab).

→ **STATION 5**
Textgrundlage: 2. Mose 14,14
Symbole: Teelichter

• **Einleitende Gedanken**
   Gott lässt mich gerade in den Anfechtungen und Fragen meines Lebens nicht allein. Er ist bei mir. Er stärkt mich. Das hat Mirjam damals erfahren. Was sie und ihr Volk tun konnten, das hatten sie getan. Sie waren aufgebrochen, sie hatten alles hinter sich gelassen. Aber so wie eine Knospe erst erblühen kann, wenn die Sonne sie bescheint, so kann auch menschliches Leben erst dann das Wunder der Neuwerdung erfahren, wenn Gottes Liebe und Barmherzigkeit es berühren.
   Der Beginn des neuen Lebens ist Gnade. Das ahnt auch Mirjam. Sie wartet, dass Gott nun die letzten Hindernisse aus dem Weg räumen wird. Dann wird sie aufbrechen in das erlöste und befreite Leben, zu dem, der sie erschaffen hat. Noch liegt alles unklar vor ihr. Aber eines weiß sie: Sie hat einen Gott an ihrer Seite, der sagt: mit mir kannst du über Mauern springen. Auch über die Mauern deines eigenen Lebens. Dieser Gott wird auch meinen Leib und meine Seele beschützen. Ich kann loslassen, was mich bedrückt und gefangen nimmt. Er fängt mich auf und gibt mir Kraft.

- **Lied: Meine Seele ist stille zu Gott**
  Diesmal genießt man beim Singen des Liedes die Ruhe. Ganz bewusst wird auf Bewegung verzichtet und dem nachgespürt, wie man selbst auf Gott wartet, vieles von ihm erwartet und in seiner Gegenwart lebt.

  (Aus: Du bist Herr, Nr. 176)

- **Abschluss am Bodenbild**
  Viele Teelichter werden auf das Bild gestellt. Sie sind Zeichen für die Gegenwart Gottes. Jede Frau kann auch ein solches Teelicht an die Steine und Dornen stellen, die sie selbst abgelegt hat. Es wäre dann ein Zeichen dafür, dass Gottes Gegenwart gerade in den Schwierigkeiten unseres eigenen Lebens erbeten und geglaubt wird.

→ **STATION 6**
Textgrundlage: 2. Mose 14,21-22.29-31
Symbole: kleine Steinchen, Hölzer, Tonscherben, vielleicht etwas Erde

- **Einleitende Gedanken**
  Geborgen in Gott kann Mirjam auf das Wunder ihres Lebens warten. Und dieses Wunder geschieht: die Wasserfluten weichen zur Seite. Vor ihr öffnet sich ein Weg. Ihr eigener Weg. Kein Mensch ist ihn je zuvor gegangen. Eben ist dieser Weg nicht. Keine gepflasterte Straße an deren Ende das Schild »Willkommen im gelobten Land« schon von weitem sichtbar wäre. Nein, es ist ein Pfad, manchmal noch nass und glitschig, dann stellenweise steinig und dann und wann auch eben und schön. Es ist *ihr* Weg. Traut sie sich, ihn zu gehen?
  Mirjam geht!

- **Erklärung des Tanzes**
  Die Bewegungen sollen diesmal frei und nicht vorgeschrieben sein. Jeder Mensch darf und soll seinen eigenen Weg gehen. Keiner geht denselben Weg – es ist ein ganz eigener Weg. Es muss ausprobiert, gewagt und immer wieder neu gefunden werden. Manchmal braucht es dazu auch Mut.

Möglicherweise ist es gut, die einzelnen Tanzschritte noch einmal zu wiederholen. (Musik: beliebig)

- **Abschluss am Bodenbild**
Aus den Symbolen wird ein Weg gelegt.

- **Meditativer Text** zum Ausklang:
(vielleicht für jede Frau als Kopie vorbereitet)

> *Schritt für Schritt – hinterlässt du Spuren*
> *sie verwehen wieder – so wichtig sind sie nicht*
> *Aber du bist einmalig – auf deinem Weg*
> *dein Leben zu leben – dein Leben zu lieben*
> *das kannst nur du!*
> *Einer wollte, dass du wirst – wie Er dich dachte*
> Margot Bickel

> *Gehe den Weg,*
> *den Gott dir gezeichnet hat,*
> *sei er verschlungen oder gerade,*
> *aber verlass ihn nicht,*
> *wie er auch sei,*
> *denn er ist dein Weg.*
> Guy de Larigaudie (1908-1940)

→ STATION 7
Textgrundlage: Lobgesang der Mirjam aus 2. Mose 15,20-21
Symbole: Rosenblätter

- **Einleitende Gedanken**

Nach 400 Jahren geschieht nun die Befreiung Israels. Gott schlägt den Feind. Mirjam hat nur eines tun müssen: Gehen im Vertrauen auf Gottes Liebe und Macht. Nun steht sie am anderen Ufer und schaut zurück: zurück auf den entmachteten Feind, zurück auf ihr altes Leben in Knechtschaft. Sie hat es geschafft!

- **Erklärung des Tanzes**
  Polonaise als Ausdruck der fröhlichen, ausgelassenen Freude und Gemeinschaft. Abwechselnd können Frauen hier die Leitung übernehmen und die Polonaise durch den ganzen Raum führen. Dabei kann man sich an den Händen fassen, die Hände auf die Schultern legen oder mit Tamburinen, Trommeln und ähnlichen Klanginstrumenten hintereinander hertanzen.
  Der ausgelassenen Reigen der Mirjam wird hier nachempfunden.

- **Musik**
  Bekannte fröhliche Lieder, die möglichst alle singen können.
  Beispielsweise aus dem Liederbuch »Du bist Herr«:
  Hevenu schalom alechem (Nr. 246);
  Groß und wunderbar (Nr. 81);
  Fröhlich, fröhlich ist das Volk (Nr. 66);
  Dann wird die Jungfrau erfreuen sich am Tanz (Nr. 22);
  Zünde an dein Feuer (Nr. 243).

- **Abschluss am Bodenbild:**
  Rosenblätter, die jede Frau für ihren neuen Weg auf das Bild streuen kann.

- **Meditation**
  > Aus deiner Wüste – kehrst du verwandelt wieder –
  > mit deiner Wirklichkeit vertraut – Gottes Größe ahnend
  > um deine Kleinheit wissend – reich beschenkt – durch
  > die Wüste.   Margot Bickel

- **Gemeinsames Lied** zum Abschluss
  EG 656 »Wir haben Gottes Spuren festgestellt«

➤ Material
- **Musik / CD**
  »Freedom« aus: Simeon & John, The Journey, Brunnen Music, 1995
  »Erez sawat chalaw« aus: In seiner Nähe, Hänssler Music, 1994
  »The cross« aus: John Gerighty, I believe, Brunnen Music, 2001

»O Haupt voll Blut und Wunden« aus: John Gerighty, I believe, Brunnen Music, 2001
»Ashton« aus: Michael W. Smith, I 2 EYE, Runion records, 1988

- **Lieder**

Evangelisches Gesangbuch
»Du bist Herr«. Anbetungslieder, Projektion J Verlag, Hochheim

- **Für das Bodenbild**

eine Unterlage: hellen Stoff oder Jute; vielleicht eine biblische Frauenfigur (Mirjam); Stein, rotes Tuch und viele kleine rote Tücher; Dornenzweige; Rosenblätter; Material, um einen Weg zu gestalten (kleine Steine, Tonscherben, Erde etc.); Weinkrug und Brot; Sand; Rucksack; Bilder von Feuer und Wolke; Wanderstab; Teelichter

Cornelia Mack

Das Fest des Lebens – Lernen von Maria

Zielgruppe: Frauen jeden Alters
Personenzahl: keine Begrenzung
Ort: innen

▸ Vorbereitungen
Dieses Fest kann mit mehr oder weniger Aufwand vorbereitet werden.
Musik – immer während die Szenen neu gestellt werden, kann ein Lied gesungen oder Musik gehört werden (CD oder mit einer Musikgruppe), evtl. Tanz vorbereiten.
Dekoration – ein großer Tisch oder Bodenbild, auf dem biblische Szenen mit Figuren gestellt werden können.
Raum – möglichst dunkel halten und nur die Szene beleuchten.
Essen – entweder nur als kleiner Imbiss oder als festliches Mahl.

▸ Ablauf
1. Begrüßung und Hinführung zum Thema (siehe Informationen zum Thema), Erklärung des Ablaufs.

→ SZENE 1:
Verkündigung des Engels an Maria, gestellt mit biblischen Figuren. Evtl. Textlesung Lukas 1,26ff.
Erklärung dazu (siehe Szene 1);
Musik oder Lied, während die Szene umgestellt wird.

➔ SZENE 2:
Begegnung mit Elisabeth (Lukas 1,39ff.);
evtl. Textlesung Lukas 1,39ff.
Musik oder Lied, während die Szene umgestellt wird,
z. B. Magnificat als Kanon.
> Möglichkeit zur Begegnung: Frauen werden eingeladen, einander zu begegnen, sich vorzustellen oder auszutauschen über die Frage: *»Welche Begegnungen tun mir gut?«*

➔ SZENE 3:
Weihnachten
Evtl. Textlesung Lukas 2;
Erklärung (siehe Szene 3);
Weihnachtsmusik oder Weihnachtslied, währenddessen geben sich die Frauen ein Licht weiter.
> Neue Szene stellen, entweder 12-jähriger Jesus im Tempel oder Hochzeit zu Kana.

➔ SZENE 4:
Schwere Zeiten
12-jähriger Jesus im Tempel,
Verleugnung Marias durch Jesus, Hochzeit zu Kana.
Erklärung (siehe Szene 4).

Einladung zum Festmahl (oder Imbiss)

➔ SZENE 5:
Maria unterm Kreuz
Bildmeditation – 2 Kreuze; Passionsmusik.

➔ SZENE 6:
Maria nach der Auferstehung (z. B. im Kreis der Jünger, freudig bewegt)
– Textlesung Apostelgeschichte 1,13-14 und Erklärung dazu.
Abschluss evtl. mit einem **Tanz** oder einem **Osterlied**.

▶ Informationen zum Thema

Von keiner anderen Frau in der Bibel wissen wir so viel wie von Maria. Was in der Bibel über Maria berichtet wird, stellt uns eine faszinierende Frau vor Augen. Ihr Leben ist so plastisch erzählt und in so vielen Details dargestellt, dass wir uns in vielem, was Maria erlebt hat, wiedererkennen können. Und wir können von Maria lernen, was uns helfen kann in Zeiten, die Mut verlangen. Wir können von Maria lernen, das Leben zu gestalten. Wir können lernen, dass wir nicht bei Leid und schweren Zeiten stehen bleiben müssen, sondern dass wir von Gott zu einem Fest des Lebens eingeladen sind.

→ SZENE 1
Verkündigung des Engels an Maria (Lukas 1,26ff.)

Das Erste, was wir von Maria wissen, ist die Verkündigung durch den Engel Gabriel an sie. In Lukas 1,29 heißt es, ein Engel kam zu ihr ins Haus, sagte zu ihr: »Sei gegrüßt, du Begnadete! Der Herr ist mit dir. Sie aber erschrak.« Dass Maria darüber erschrickt, ist verständlich. Wir Menschen kennen das vielleicht auch – da, wo Gott mit seiner Klarheit und Wahrheit in unser Leben tritt, erschrecken wir. Es gibt ähnliche Berichte in der Bibel: z. B. Petrus, als Jesus in sein Boot trat und er gegen alle eigene Erfahrung einen riesigen Fang mit Fischen machte. Er erschrak zutiefst und rief: »Herr geh von mir, ich bin ein sündiger Mensch.« Wo wir Gottes Gegenwart erleben, da deckt seine Klarheit und Macht unsere Unvollkommenheit, unsere Fehlerhaftigkeit, unsere Sünde auf. Dieses Erschrecken angesichts der Boten Gottes oder Gottes Gegenwart selbst taucht immer wieder in der Bibel auf. So auch hier, als der Engel zu Maria kam.

Der Engel antwortet auf Marias Erschrecken: »Fürchte dich nicht, Maria, du hast Gnade bei Gott gefunden! Siehe, du wirst schwanger werden und einen Sohn gebären und du sollst ihm den Namen Jesus geben. Der wird groß sein und Sohn des Höchsten genannt werden; und Gott der Herr wird ihm den Thron seines Vaters David geben, und er wird König sein über das Haus Jakob in Ewigkeit, und sein Reich wird kein Ende haben.«

Die Antwort des Engels auf Marias Erschrecken ist zuerst Trost (»Fürchte dich nicht«), dann Verheißung und eine gewaltige Zusage

(»dein Sohn wird der Höchste sein, und der Sohn Gottes wird in dir wachsen«).

Zugleich aber ist die Botschaft des Engels auch ganz und gar ungewöhnlich. Sie – als junges Mädchen – soll den Heiland in sich tragen, den Retter der Welt, und ihn zur Welt bringen. Sie versteht nicht, wie das sein kann. So fragt Maria auch zurück: »Wie soll das gehen, wo ich doch von keinem Mann weiß?« Und sie bekommt wieder eine ungewöhnliche Antwort durch den Engel, er sagt zu ihr: »Der Heilige Geist … die Kraft des Höchsten wird dich überschatten; darum wird auch das Heilige, das geboren wird, Gottes Sohn genannt werden.« – Als Hilfestellung und Wegweisung gibt der Engel ihr noch den Hinweis, dass ihre hochbetagte Verwandte Elisabeth ebenfalls schwanger ist; dass also Gott hier ein Wunder getan hat ähnlich wie an Sara. »Denn bei Gott ist kein Ding unmöglich.«

So steht also der Engel mit der Botschaft vor Maria – und Maria ist betroffen, erschrocken, vielleicht auch verunsichert. Möglicherweise schossen auch diese Gedanken durch ihren Kopf: »Das ist das Verrückteste, was ich je gehört habe: Das ist gefährlich! Unverheiratet schwanger zu sein, wird nach dem strengen jüdischen Gesetz mit dem Tod bestraft.« Möglicherweise hatte sie davor auch Angst.

Was tut Maria? Maria wurde nicht gezwungen zu diesem Weg – aber sie sagte Ja. »Siehe, ich bin des Herrn Magd; mir geschehe, wie du gesagt hast.« Ein mutiger Schritt. Sie sagt mit ihrem ganzen Sein, mit ihrer ganzen Existenz Ja zu dem Außergewöhnlichen. Sie stellt sich zur Verfügung, gegen allen Verstand sagt sie Ja.

Das Ja der Maria – sicher kam es ihr nicht leicht oder leichtfertig von den Lippen, aber es war ein Schritt des Vertrauens und des Mutes: »Wenn Gott mir diesen Weg weist, dann gehe ich ihn.« – Dieses Ja der Maria kann auch uns eine Hilfe für schwere Wege sein:

Auch wir kennen Zeiten, wo wir von unserem menschlichen Verstand her Nein sagen müssten. Und wir kennen Zeiten, wo unser Gefühl Nein sagt, wo unsere Seele nicht mitkommt.

Dennoch Ja sagen? Ja sagen zu schweren, ungewöhnlichen oder unbequemen Wegen? Ja sagen, wo Schwierigkeiten schon vorprogrammiert sind? Sicher können wir nicht generell zu allem Ja sagen.

Aber schauen wir uns nochmals Maria an: Sie hatte eine klare Wegweisung und Zusage von Gott durch die Botschaft des Engels. Und auf diese Zusage hin sagte sie dann auch Ja. – So kann der Mut und das Vertrauen in Gott, das Maria hier zeigt, auch für uns eine Hilfe sein. Wo Gottes Wille klar ist, können wir auch Ja sagen, auch wenn uns das, was danach kommt, noch unvorstellbar oder unklar erscheint. Oft müssen wir Wege gehen, bei denen die Zukunft noch ganz im Dunkeln liegt und viele Fragen noch ungeklärt sind. So ging es auch Maria.

Maria hat diesen Vertrauensschritt gewagt – das kann auch uns helfen zum Vorwärtsgehen, zum Mutfassen. Maria wurde gesegnet durch ihr Vertrauen in Gott und erfährt, wie Gott ihr Ja im Vertrauen bestätigt.

→ **SZENE 2**
Begegnung mit Elisabeth

Maria kennt alle möglichen und unmöglichen Situationen des Lebens. Sie kennt auch schwere Zeiten. Zuerst einmal sagt Josef Nein zu diesem außergewöhnlichen Weg Gottes mit Maria. Er möchte sich von ihr trennen, als er von ihrer Schwangerschaft erfährt (Matthäus 1,18ff.). Man muss ihm zugute halten, dass er nicht öffentlich machen will, was mit Maria los ist, sonst hätte sie die Todesstrafe erwartet. Zu ihrem eigenen Schutz will er sie heimlich entlassen. Aber für Maria muss das schlimm gewesen sein. Sie steht zuerst mal ganz allein da. Was für eine schwere Zeit für sie – und wie menschlich nahe Maria so manchen Frauen hier kommt, die ein ähnliches Schicksal erleben – alleine gelassen von allen Menschen mit einer ungewollten oder ungeplanten Schwangerschaft.

Was tut Maria? Sie geht zuerst zu einer anderen schwangeren Frau, zu Elisabeth. Der Engel Gabriel hatte Maria auf Elisabeth hingewiesen. Zacharias, der Mann Elisabeths, hatte sechs Monate zuvor ebenfalls eine Begegnung mit dem Engel Gabriel. Weil er aber der Botschaft des Engels nicht glauben wollte, wurde er stumm und konnte erst nach der Geburt seines Sohnes Johannes wieder sprechen (Lukas 1,20ff.). Maria macht sich also auf den Weg ins judäische Bergland und begegnet dort ihrer Verwandten Elisabeth (Lukas 1,39ff.). Da spielt sich nun eine bewegende Szene ab: Elisabeth ist im sechsten Monat schwanger, Maria gerade eben erst schwanger geworden in der ersten oder zweiten Schwangerschafts-Woche. Doch nun passiert es, dass das Kind Johannes, noch im Mutterleib vor Freude über das gerade erst gezeugte Kind Jesus im Leib Marias hüpft.

Übrigens ein bewegendes Zeugnis davon, dass ein Kind bereits im Mutterleib eine eigene Seele, ein Empfinden hat und ein Bewusstsein für geistliche Dinge! Der ungeborene Johannes freut sich über den ungeborenen Jesus – und diese Freude springt nun durch den Heiligen Geist auf Elisabeth über. Elisabeth, die ja gar nichts wissen kann über die Schwangerschaft der Maria, bricht nun in einen Lobpreis über Gott aus: »Gepriesen bist du unter den Frauen, und gepriesen ist die Frucht deines Leibes. Und wie geschieht mir das, dass die Mutter meines Herrn zu mir kommt?« Gottes Geist spricht da aus ihr. »Die Mutter meines Herrn kommt zu mir.« Elisabeth beugt sich hier unter den noch ungeborenen Jesus als ihren Herrn und den Herrn der Welt.

Elisabeths Begrüßung und dieses Erlebnis, wie der Heilige Geist über Elisabeth kommt, ist eine erste Bestätigung für Maria, dass Gott ihr Ja segnet. Elisabeth sagt zu ihr: »Selig bist du, die du geglaubt hast! Denn es wird vollendet werden, was dir gesagt ist von dem Herrn.«

Maria erfährt, dass Gott ihren schweren und einsamen Weg begleitet, dass er zu ihr steht und dass er ihr Menschen zur Seite stellt, die mit ihr gehen.

Zuerst Elisabeth und später dann auch den Josef.

In der Zwischenzeit hatte auch Josef eine Begegnung mit einem Engel Gottes. Der hatte ihm befohlen, Maria als Frau zu sich zu nehmen. So ist dann auch Josef bereit, diesen Weg mit Maria zusammen zu gehen. Er stellt sich fürsorglich und behütend neben sie.

Maria blieb drei Monate bei Elisabeth. Sicher ist da so manches unter den Frauen über Schwangerschaft und Geburt gesprochen worden. – Wie schön für Elisabeth, dass sie nun mit jemandem reden konnte und nicht immer neben dem stummen Zacharias sitzen musste. Und schön für Maria, sie erlebt hier Halt und Geborgenheit und Sicherheit in der Freundschaft mit Elisabeth.

Maria wird in dieser schweren Zeit gesegnet – durch die Gewissheit, dass Gott ihren Weg bestätigt, durch die Freundschaft mit Elisabeth und auch durch die Annahme durch Josef. Maria lobt Gott dafür – in dieser schweren Zeit: Sie singt: »Gott hat Großes an mir getan, seine Barmherzigkeit währt von Geschlecht zu Geschlecht. Er zerstreut, die hochmütig sind in ihren Herzen und stößt die Gewaltigen vom Thron, er erhebt die Niedrigen.«

Dieses Lied der Maria ist uns überliefert, das »Magnifikat.«

Darin besingt sie Gottes Barmherzigkeit: »Von Geschlecht zu Geschlecht ist er barmherzig.« Das Kleine macht er groß, nicht die Macht ist entscheidend, sondern Gottes Barmherzigkeit. Sie als niedrige Magd erfährt dieses große Geschenk, von Gott begnadet und auserwählt zu sein – und sie singt: »Meine Seele erhebt den Herrn und mein Geist freut sich Gottes, meines Heilandes.«

Maria wird von Gott auch in schweren Zeiten gesegnet. So wie Maria das erlebt, dürfen wir auch selbst immer wieder wissen, dass Gott zu uns steht, dass er uns gerade in schweren und einsamen Zeiten nicht verlässt, sondern dass er uns immer wieder auch Menschen zur Seite stellt, die mit uns gehen und uns begleiten und stützen.

→ **SZENE 3**
Weihnachten

Auch die Geburt war für Maria (Lukas 2) nicht so leicht, wie sie es sich vielleicht gewünscht hatte. Hochschwanger muss sie sich auf den Weg machen. 150 km wandert sie zu Fuß von Nazareth nach Bethlehem kurz vor der Entbindung. Körperlich entkräftet und vielleicht auch psychisch schwach kamen sie in Bethlehem an und fanden keinen Platz zum Wohnen. Maria kann ihr Kind nicht zu Hause zur Welt bringen, wo sie vielleicht alles hätte vorbereiten können. So kann sie nur das Nötigste mitnehmen. Schon von Anfang an flüchtig – so kommt Gott zur Welt. Kein Platz in einem wohlig warmen Wohnraum, sondern in einer zugigen und ärmlichen, vermutlich auch überfüllten Unterkunft, in der auch Tiere lebten, brachte Maria ihr Kind zur Welt. Was für ein Risiko, sich dabei Kindbettfieber oder andere Infektionen zuzuziehen.

Ihr Kind hatte keine Wiege, wie wir heute. In einen Futtertrog wurde Jesus gelegt, es gab sonst keinen Platz. Wie ärmlich, bedrängt und hilflos Jesus zur Welt kam, können wir uns nicht drastisch genug ausmalen. Gott erniedrigt sich in unsere Welt hinein.

Trotzdem ist auch hier dies Geschehen wieder von Gottes Heiligkeit, von seiner Gegenwart, von seinen Engeln durchzogen.

Viele ungewöhnliche Gäste kommen zu dem neugeborenen Kind. Die Hirten auf dem Feld erleben das Wunder, dass Heerscharen von Engeln, eine ungezählte Menge, unbeschreiblich viele, in Entzücken und Jauchzen ausbrechen und Gott loben: »Ehre sei Gott in der Höhe und Friede auf Erden den Menschen seines Wohlgefallens«. Maria hat die Engel nicht selbst gesehen, aber die Hirten rennen zur Geburtsstelle, sie sprudeln über von dem Erlebten. Sie erzählen Maria und Josef, was sie gesehen und gehört haben und nicht nur ihnen, sondern allen Menschen, denen sie danach noch begegnen, ob sie es nun wissen wollen oder nicht. Alle, die davon erfuhren, verwunderten sich sehr. Die Hirten priesen und lobten Gott, einfache Menschen, denen vorher Gott vielleicht egal war – sie machen eine 180 Grad-Wendung.

Und Maria? Maria merkte sich alle diese Worte und »bewegte sie in ihrem Herzen«. Die Worte »im Herzen bewegen« bedeutet, sie immer wieder zu wiederholen, sie auswendig zu lernen. Die Erlebnisse dieser Nacht ließen Maria nicht mehr los, sie waren immer wieder abrufbar, auch in schweren Stunden.

Auch das können wir von Maria lernen: Es ist gut, wenn wir Großes, Schönes, Gebetserhörungen, Wunder immer wieder dankbar in unserem Herzen bewegen, damit wir in dunklen Stunden davon zehren können. »Seele, vergiss nicht, was er dir Gutes, Großes und Wunderbares getan hat.«

Ein weiteres Wunder leuchtet uns in der Erzählung der Weisen aus dem Morgenland entgegen (Matthäus 2), die sich aufgrund einer Sternenerscheinung auf den weiten Weg gemacht hatten. Ein König der Juden musste geboren sein, so lasen sie es aus den Sternen. Auch die Heiden kommen von den Enden der Erde bei der Geburt von Jesus. Ein Stern, genauer eine Sternenkonjunktion, weist ihnen den Weg. Die Weisen, ungewöhnliche Gestalten, wirklich Fremde, Ausländer – sie fallen nieder und beten an, bringen ihre Geschenke. Sie sind sicher, dass sie den König der Juden gefunden haben, egal wie die äußeren Umstände auf sie gewirkt haben mögen. Eine fast unglaubliche Geschichte.

→ **SZENE 4**
Schwere Zeiten

Wie sehr hat Maria diese Vergewisserungen, Verheißungen und Wunder gebraucht, um sich in den schweren Stunden ihres Lebens daran festzuhalten und sich immer wieder zu erinnern. In den Stunden des Zweifels und der Verzweiflung, als der Weg ihres Sohnes kein geradliniger Triumphzug durch die Geschichte wurde, sondern ein Weg durch Schmerz und Leid bis hin zum Tod.

Als Maria und Josef Jesus nach jüdischem Brauch in den Tempel zur Beschneidung bringen, da begegnen sie zwei weiteren interessanten – ganz alten – Menschen: zuerst Simeon, danach Hanna. Simeon freut sich unbändig darüber, dass er Jesus sehen kann. Er hat sein Leben lang darauf gewartet, den Heiland zu sehen – und sagt: »Nun kann ich in Frieden sterben, weil ich Jesus, den Retter der Welt, gesehen habe.«

Aber auch er sagt Maria schwere Zeiten, Zeiten der Schwäche und des Schmerzes voraus: »Auch durch deine Seele wird ein Schwert dringen.« Im Geist sieht er voraus, dass Marias Weg hart und schmerzlich sein wird, gekennzeichnet von Loslassen, Ängsten, Zweifeln und Verzweiflung.

Ähnliches sagt darauf die alte Prophetin Hanna. So ist es immer beides, was Maria durch die Vorhersagen erlebt – Freude und Ernüchterung.

Der Weg von Jesus ist von Anfang an bedroht. Die Soldaten des Herodes sind hinter Jesus her und ermorden alle kleinen Jungen im Alter bis zu 2 Jahren, um den Thronfolger zu vernichten, dessen Geburt die Weisen aus den Sternen gelesen haben (Matthäus 2,16ff.). Wie viel Angst und Schrecken mag auch in Maria da gewesen sein. Todesangst und Angst um ihr Kind. Auch das kennen viele Mütter – Angst um die Kinder, egal, ob wegen einer Krankheit oder wegen anderer Gefahren: Wenn die Kinder nachts unterwegs oder allein in einem anderen Land sind – wie viel Ängste haben Mütter schon ausgestanden.

Marias Weg war nicht leicht: Von Anfang an musste sie lernen, loszulassen, umzudenken, Trauer, Schmerz und Unverständnis auszuhalten. Nach der Geburt von Jesus muss sie mit Josef und ihrem Kind in ein unbekanntes und fremdes Land fliehen (Matthäus 2,13ff.), sie können erst nach dem Tod des Herodes wieder zurückkehren. Maria weiß, was es heißt, ein Flüchtling und eine Fremde auf dieser Welt zu sein. Auch hier teilt sie das Schicksal mit vielen Heimatvertriebenen und Flüchtlingen auf dieser Welt und ist all denen nahe, die sich nach einer Heimat, nach Geborgenheit, nach einem Zuhause sehnen.

Oder denken wir an die Geschichte des 12-jährigen Jesus im Tempel (Lukas 2,42ff.). – Wie viel Ängste und Sorgen mag sie durchlitten haben, als sie entdeckten, dass er auf dem Heimweg verschwunden war? Immer wieder muss ich bei diesem Bericht auch an Mütter denken, deren Kind entführt wurde, vermisst oder ermordet ist. Drei Tage lang suchten Maria und Josef in Jerusalem nach ihm. Welche Qualen mag sie da zusammen mit Josef durchlitten haben, welche Szenen mögen ihr da durch den Kopf gegangen sein? Und als sie ihn dann wiedergefunden hatten, werden sie von Jesus zurechtgewiesen: »Wisst ihr nicht, dass ich sein muss in dem, was meines Vaters ist?« Schon hier wird deutlich, dass Jesus sich mehr zu seinem Vater im Himmel zugehörig wusste als zu seinen Eltern Josef und Maria. Doch die Eltern verstanden ihn nicht. Auch das ist eine schwere Zeit für Maria – immer wieder wird sie in den folgenden Jahren möglicherweise fast irre an ihrem Sohn Jesus.

Denken wir an die Hochzeit zu Kana (Johannes 2). Hier wird Maria von Jesus zurechtgewiesen, sich nicht in seine Angelegenheiten einzumischen. »Was geht's dich an Frau, was ich tue? Meine Stunde ist noch nicht gekommen.« Ein hartes Wort an seine Mutter, ein klarer Schnitt, den Jesus hier vollzieht. »Ich bin dir nicht mehr zu Gehorsam verpflichtet, sondern allein meinem Vater im Himmel.« Und Maria? Sie könnte beleidigt, verletzt gewesen sein. Aber sie zieht sich nicht schmollend zurück, sondern sagt den Dienern: »Was er euch sagt, das tut.« Sie nimmt sich zurück und weist auf ihn hin. »Hört auf ihn und tut, was er sagt.« Hier bricht schon ein Stück Glaubensgehorsam durch, sie lässt ihn los und macht Raum für Jesus und sein Wirken.

→ **SZENE 5**
Maria unter dem Kreuz

Auch eine andere Szene (in Matthäus 12,46ff.) war verbunden mit einem inneren Loslassen ihres Sohnes. Maria kommt mit ihren anderen Söhnen, um Jesus zu besuchen oder ihn gar zur Vernunft zu bringen (siehe auch Markus 3). Doch Jesus erklärt vor allen: »Meine Mutter und meine Brüder, das sind nicht die da draußen, sondern die, die den Willen meines Vaters im Himmel tun.«

Hier wird sie von ihrem Sohn verleugnet. Ein Schwert durch ihre Seele. Auch das kennen viele Mütter dieser Welt: Sie haben das Gefühl, ihre

Kinder kennen sie nicht mehr, kümmern sich nicht um sie – und dabei haben die Mütter sie doch zur Welt gebracht und mit Hingabe und Liebe großgezogen. Wenn die Mütter dann älter werden, verlieren sie möglicherweise den Kontakt zu den Kindern, die sie geboren haben ...

Maria hat hier Ähnliches erlebt.

Ihr Kind geht Wege, die sie nicht versteht, die ihr peinlich sind oder die sie bloßstellen. Wohl jede Mutter kennt das, dass ihre Kinder Dinge tun, die außerhalb der Konvention sind, die ungewöhnlich sind, die man nicht tut – auch darin ist Maria allen Müttern nahe. Andererseits ist Maria auch eine ungewöhnliche Frau. Sie war nicht rebellisch, sondern eher eine abwartende Frau. Darin kann sie auch für uns immer wieder eine Herausforderung sein, auch auf schweren Wegen und in Zeiten der Anfechtung, in Zeiten, in denen wir unsere Mitmenschen nicht verstehen, in Zeiten der Schwäche und der Einsamkeit.

Ihr Weg des Loslassens geht noch tiefer – das Schwert, das die Seele durchdringt, war wohl am deutlichsten unter dem Kreuz zu spüren. Wie schlimm muss es für sie gewesen sein: ihr Sohn, dem all die Verheißungen galten, der die Menschen in Bewegung brachte und heilte und liebte und predigte – nun hängt er da am Kreuz. Alles zu Ende. Sie wusste ja noch nichts von der Auferstehung. Wie schlimm ist es für Mütter, für Eltern, wenn sie am Grab des eigenen Kindes stehen müssen! – Wie viel zerbricht da an Hoffnungen und Freuden, auch an Sicherheit. Alles zu Ende?

Und ob in Maria nicht auch der Glaube an Gott ins Wanken gekommen ist? Was war nun mit den ganzen Verheißungen am Anfang des Lebens von Jesus, bei der Empfängnis, bei der Geburt, bei der Beschneidung? Galten sie alle nicht mehr?

Marias Leben kennt Zeiten des Leids und der Schwäche, führte durch viele Täler des Lebens. Er führte sie ans Kreuz und unters Kreuz, in Verzweiflung und Trauer. Zeiten der Schwäche. Auch hier ist Maria ein Mensch wie wir, wenn wir trauern, weinen, verzweifelt sind, keinen Ausweg mehr sehen.

Bildmeditation – 2 Kreuze von H. G. Anniès (siehe im Folgenden)
Beide Kreuze sind mit denselben Drucktafeln gestaltet. Aber das eine Kreuz wirkt schwer, nach innen gerichtet, bedrückend, das Quadrat in der Mitte, das Innere wirkt eng und klein.

Das andere Kreuz wirkt geöffnet, befreit und mit einer Dynamik nach außen. Das Quadrat in der Mitte wirkt – obwohl es dieselben Maße hat wie das andere – weiter und größer.

So ist es auch mit schweren Zeiten in unserem Leben.

Wenn wir mittendrin stehen, sind sie schwer und bedrückend. Wenn wir im Rückblick darauf schauen, erkennen wir oft erst die öffnende und erweiternde Macht des Leids.

Jedes Leid, jedes Kreuz im Leben kann also zweierlei Wirkungsweisen auf uns haben. Von Maria können wir lernen, dass nach den bedrückenden Zeiten die freudigen Zeiten, die hoffnungsvollen und dankbaren Zeiten kommen.

H. G. Anniès

→ **SZENE 6**
Maria nach der Auferstehung (Apostelgeschichte 1,13-14)
Nach dem Tod war nicht alles zu Ende.

Gott führte Maria ins Leid und unters Kreuz, aber dann auch hindurch in die Gewissheit der Auferstehung. Maria war bei den Jüngern nach der Auferstehung von Jesus (Apostelgeschichte 1,14). Sie muss nach dem Tod ihres Sohnes schwere Stunden der Ungewissheit und der Trauer durchlitten haben. Erst in seiner Auferstehung hat sie die Tiefe und Weite der Verheißungen über seinem Leben wirklich verstanden.

Maria erlebt die Auferstehung ihres Sohnes und wir wissen von ihr auch aus Berichten der Apostelgeschichte, dass sie damals in der Urgemeinde dabei war. Sie war eine der tragenden Säulen der ersten Gemeinde. Sie war auch eine der Frauen, die ein klares Zeugnis von Jesus ablegen konnte und von all den Wundern, die schon vor und um seine Geburt geschahen.

Sie kannte Lukas, den Arzt, und er nahm ihre Berichte in sein Evangelium auf, sodass wir heute die Weihnachtsgeschichte in so vielen Details kennen. Das haben wir Maria zu verdanken. Sie hatte das alles immer wieder in ihrem Herzen bewegt und es sich durch alle schweren Zeiten hindurch bewahrt.

Maria zeigt uns, dass wir Menschen der Hoffnung und der Liebe sein können. Sie stellte sich in Gemeinschaft mit anderen, um zusammen mit anderen Männern und Frauen von Christus und seiner Auferstehung weiterzuerzählen und um anderen Menschen so Hoffnung zu machen und sie in den Raum der Liebe Gottes hineinzustellen.

Wir kommen wie Maria von der Auferstehung her und wir haben den weiten Horizont der Hoffnung, der über Zeiten der Schwäche und des Todes, über Anfechtungen und Einsamkeit hinausweist.

Wir dürfen in dieser Hoffnung leben, dass das Leid nicht das Letzte ist. Wir können immer wieder von Maria lernen, Ja zu sagen, dankbar zu werden, in Lobgesang auszubrechen und in Unverständlichem auszuharren und auf die Erfüllung von Gottes Verheißung zu warten.

> Ulrike Ruscheweyh /
> Frauengesprächskreis Friedrichstal

Lydia-Fest

Zielgruppe: Frauen jeden Alters
Personenzahl: keine Begrenzung
Ort: innen
Zeitrahmen: ca. 3-4 Stunden

➤ Einführung

✗ Dieses Fest wurde als ökumenischer Abend gestaltet.
✗ Die Frauen wurden mit Handzetteln eingeladen. Auf der Einladung war vermerkt, dass die Frauen einen violetten oder purpurfarbenen Gegenstand mitbringen sollten.
✗ Lydia und ihre Freundinnen können in biblischen Gewändern auftreten.
✗ Der Saal kann an den Rändern im orientalischen Stil (mit Marktständen, auf denen Waren oder Erfrischungen angeboten werden) geschmückt werden.
✗ In der Mitte des Raumes entweder eine Spirale aufbauen und drum herum Stühle – oder durch die Mitte des Raumes (mit blauen Tüchern) einen Flusslauf andeuten und daran entlang in zwei Halbkreisen die Stühle aufstellen.
✗ Bei kleineren Gruppen kann man auch auf Gruppenarbeit verzichten und die Vorschläge zur Gruppenarbeit in Auswahl als einzelne Programmpunkte für alle gestalten.

➤ Ablauf

✗ Begrüßung im Vorraum durch Freundinnen der Lydia mit einer Duftsalbe
✗ Begrüßung an der Saaltür durch biblische Lydia und heutige Lydia
✗ Teilnehmerinnen füllen die Spirale mit ihren mitgebrachten Gegenständen.
✗ Freundinnen der Lydia bieten kleine Erfrischungen an.
✗ Kennenlern-Spiel (siehe Anhang 1)
✗ Platz suchen.
✗ Die biblische Lydia und die historische Lydia gehen in die Mitte und stellen sich durch eine Unterhaltung vor (siehe Anhang 2).
✗ Bibeltext Apostelgeschichte 16,11-15 (ausführlichere Version Apostelgeschichte 16,6-40) in verteilten Rollen lesen (Paulus, Erzählerin, Lydia und evtl. andere).
✗ Lydia – Lied von Siegfried Fietz anhören (siehe Anhang 3).
✗ Gruppenangebot
  Gruppe 1 – den Bibeltext besser verstehen
  Gruppe 2 – das Herz öffnen – das Gehörte aufnehmen
  Gruppe 3 – Sonnentanz
  Gruppe 4 – sich taufen lassen
Nach ca. 30-45 Minuten Treffen zum festlichen Essen (Anhang 6).
✗ Lied und Tischgebet
✗ Festessen oder Stehimbiss (Rezeptvorschläge siehe Anhang 5)
✗ Lied: Wenn enttäuschte Sicherheiten fallen
✗ Schöpfungstanz oder Danktanz (siehe Anhang 4, Gruppe 3)
✗ Tauflied und Tauferinnerung mit Wasserkreuz;
  Freundinnen der Lydia gehen mit Wasserschalen zu den Teilnehmerinnen und machen ihnen ein Kreuzzeichen mit Wasser auf die Stirn oder die Hand (Variation: die Schalen werden von den Teilnehmerinnen weitergegeben evtl. mit einem Segensspruch).
✗ Verabschiedung und Segen, Erinnerungstext Lydia-Lied geht in einem Körbchen durch – oder den Teilnehmerinnen werden zum Abschluss purpurfarbene Streifen (als Zeichen der Kostbarkeit) umgelegt mit den Worten: »Ihr seid teuer erkauft, werdet nicht der Menschen Knechte.«

➤ Anhang
→ 1. KENNENLERN-SPIEL

Die Frauen sind eingeladen sich näher kennen zu lernen, zuerst zu zweit, dann zu viert, dann zu acht.

1 und 1: Jede Frau soll sich eine Frau im Raum suchen, die sie noch nicht oder noch nicht gut kennt, auf diese zugehen und sich vorstellen: Name, Ort und »Warum bin ich hier?«.

2 und 2 (nach etwa 5-10 Minuten):
Jedes Paar sucht sich ein weiteres Paar. Kurze Vorstellung, dann Austausch darüber, ob Lydia bekannt ist und was wir von ihr wissen.

4 und 4 (nach weiteren 10 Minuten): Nochmals Austausch über diese Fragen.

→ 2. DIALOG zwischen biblischer Lydia und heutiger Lydia

Lydia heute: Sei gegrüßt, Lydia. Es ist schön, dass du heute unter uns bist. So können wir etwas mehr von dir erfahren. Du bist eine bedeutende Frau und hast in der Kirchengeschichte den Titel bekommen »erste Christin in Europa«. Erzähl doch mal, was bedeutet dein Name.

Biblische Lydia: Lydia ist eigentlich nicht mein richtiger Geburtsname, sondern eher eine Ortsbezeichnung. Weil ich aus Tyatira in Lydien komme, nennen mich alle die Lydierin – oder eben Lydia. Ich lebe in Philippi. Vielleicht kennt ihr den Ort. Er ist durch seine Purpurindustrie berühmt. Das ist auch mein Beruf. Ich bin Purpurhändlerin.

Lydia heute: Wir kennen den Ort heute auch noch deshalb, weil Paulus einen Brief an die Gemeinde in Philippi geschrieben hat. Aber nun interessiert uns dein Beruf noch etwas. Was muss man sich unter einer Purpurhändlerin vorstellen?

Biblische Lydia: Ich habe einen eigenen Laden, ich färbe Stoffe, kaufe und verkaufe purpurgefärbte Stoffe. Hier in Philippi sind die Geschäftsbedingungen besser als in Tyatira. Daher habe ich mich hier niedergelassen. Purpur ist ein sehr teurer Farbstoff. Deswegen können sich auch nur reiche Leute Purpurstoffe kaufen.

Lydia heute: Warum ist Purpur so teuer?
Biblische Lydia: Das liegt an der aufwändigen Färbemethode. (Mehr über Färbemethoden von Purpur siehe S. 73 Farbenfest.)
Lydia heute: Und wie lebst du? Hast du Familie? Bist du verheiratet?

Biblische Lydia: Ich bin unabhängig, nicht verheiratet. In meinem Haus leben all die Menschen, die zu mir gehören und die bei mir arbeiten. Wir haben ein gutes Miteinander.
Lydia heute: Mein Leben sieht in manchen Punkten ganz ähnlich / ganz anders aus. *(Erzählt von ihrer Lebenssituation.)* Aber nun interessiert mich auch noch, wie du deinen Glauben lebst.
Biblische Lydia: Jüdin war ich nicht, aber der jüdische Glaube zog mich sehr an. Deshalb traf ich mich an jedem Sabbat mit den jüdischen Frauen zum Gebet. Ich war sehr offen für ihren Glauben. Ich habe schon immer gespürt, dass Erfolg nicht alles ist. Ich bin eine erfolgreiche Geschäftsfrau, doch Erfolg beantwortet nicht die Lebensfragen nach dem Woher und Wohin, nach Sinn, Ziel und Gestaltung unseres Lebens und unseres Miteinanders. Schon oft habe ich erlebt, dass mir zur rechten Zeit die richtigen Leute begegnet sind. Auch damals war das der Fall. Solche Begegnungen haben in meinem Leben immer Wichtiges und Entscheidendes in Gang gebracht.
Lydia heute: Das war die Begegnung mit Paulus, stimmt's?
Biblische Lydia: Ja, richtig. Ich interessierte mich schon immer für das Judentum. Bei uns gab es nur ganz wenige Juden, deswegen gab es in Philippi auch keine Synagoge. Im römischen Reich wurden die kleineren Religionsgemeinschaften vor die Tore der Stadt verwiesen. So trafen sich die Juden und andere Interessierte immer am Fluss zum Beten.
Und dort habe ich auch Paulus zum ersten Mal getroffen. Er war äußerlich nicht sehr beeindruckend, aber er hatte ein Feuer in seinen Augen. Wenn er von Jesus Christus sprach, dann strahlte sein Gesicht. Das berührte mich tief, und ich wusste damals sofort: Das ist das, wonach ich schon immer gesucht habe. Ich habe mich damals entschieden, diesem Jesus nachzufolgen und habe mich von Paulus taufen lassen.
Und wie war das bei dir? Wie bist du Jesus begegnet?
Lydia heute: *(Sie erzählt ihre Geschichte.)*
Lydia, erzähle noch ein bisschen, was diese Entscheidung in deinem Leben verändert hat.
Biblische Lydia: Der Glaube an Christus war befreiend und anziehend, weil wir Menschen nicht als Diener der Götter gesehen werden, sondern als Gottes Ebenbild, als sein Gegenüber, zu dem Gott eine persönliche Beziehung will.

Wir können erleben: Gott liebt uns bis zum Äußersten und ist sich nicht zu schade, aus Liebe für uns zu sterben. So können wir aus der Vergebung leben und jeden Tag neu anfangen.

Für uns Frauen war das in unserer Zeit etwas Besonderes: Paulus hat uns erklärt, dass Jesus Männern und Frauen die gleiche Würde und Achtung gibt, dass er uns beide braucht und beauftragt, sein Evangelium weiterzusagen. So haben ich und andere Frauen in Philippi (wie z. B. Syntyche und Evodia) die Leitung unserer Hausgemeinde übernommen.

Wie ist das mit den Frauen heute in der Kirche?

Lydia heute: *erzählt*

→ **3. LYDIA-LIED**
Ich habe den Duft der Rosen geliebt.
Ich liebte das rauschende Meer.
Ich habe mehr als alle gewollt,
verkaufte Purpur für blankes Gold.
Mein Terminplan war niemals leer.
Ich habe meine Trümpfe ausgespielt
und habe das Leben geliebt.
Ich habe nur an mich selbst gedacht,
und habe die Zeit wie im Rausch verbracht
und genommen, was das Leben gibt.

Ich habe gesucht.
Du hast mich gefunden
und hast mir mein Herz aufgetan.
Ich habe erkannt,
dass mein Leben ein Trug war,
ein leerer flüchtiger Wahn.

Ja, ich danke dir, Jesus,
denn durch deine Liebe
fing mein Leben erst wirklich an.

Ich liebe den Duft der Rosen wie einst,
ich liebe das rauschende Meer.
Und habe ich früher alles gewollt,
dein Wort macht mich reicher als alles Gold.
Mein Herz ist nun nicht mehr leer.

Ich habe gesucht …

Text: Johannes Jourdan

→ **4. GRUPPENARBEIT**
Gruppe 1 – *den Bibeltext besser verstehen*
Raum dekoriert mit einem Flusslauf (blaue Tücher durch den Raum, an den Seiten Stühle).
Lied miteinander singen oder **Musik** hören.
Einführung: Wir haben uns hier am Fluss versammelt – so wie vor fast 2000 Jahren Frauen in der griechischen Stadt Philippi am Fluss versammelt waren.
Bibeltext lesen.
Gedankenanstoß: Wie hat das mit meinem Glauben angefangen? Aus welchen Quellen wurde er gespeist? Wie lebe ich heute damit?
(5 Minuten Zeit zum Nachdenken bei leiser Musik) – Austausch darüber.
Anstöße zum Bibeltext:
Was hat Lydia mit Paulus erlebt? Wie hat sie ihren Glauben gestaltet?
Paulus hatte in Asia und anderen Provinzen in der heutigen Türkei die Botschaft von Jesus verbreiten wollen. Der Erfolg war deprimierend gering. »Der Geist ließ es nicht zu«, heißt es in dem Bericht der Apostelgeschichte. Dann aber erlebt Paulus bei Nacht eine innere Stimme, eine Traumstimme. Ein Mann sagt ihm: »Komm herüber nach Mazedonien und hilf uns!« Durch diese Vision veranlasst reiste Paulus nach Mazedonien – also auf die andere Seite des Bosporus, der Asien von Europa trennt.
Was dann geschah, muss Paulus überrascht haben. Er hatte die Stimme eines Mannes gehört, der um Hilfe bat. Die Erste, die diese Hilfe annimmt und sich ihm zuwendet, ist eine Frau – eben Lydia, die Purpurhändlerin.
Im Gegensatz zu den Fischern oder anderen Jüngern von Jesus sieht sich Lydia nicht veranlasst, sich von ihrem Beruf zu trennen, von ihrem

Hab und Gut, von ihrer Familie und ihrem Haus. Es genügt, dass sie sich öffnet.

Lydia hatte offenbar Angehörige, Verwandte und vielleicht auch »Personal«, wie wir es heute formulieren würden. Auf jeden Fall nahm sie in ihrem Haus eine zentrale Stellung ein, wenn es heißt, dass sie und ihr Haus sich taufen ließen. Sie öffnete ihr Herz, sie öffnete ihr Haus und sie öffnete ihr Vermögen – im weitesten Sinn des Wortes.

Das ist ihre Art von Nachfolge. Ja, sie drängte sogar Paulus und seinen Begleiter bei ihr einzukehren, wenn sie sagt: »Wenn ihr mich als Gläubige anerkennt, so kommt in mein Haus und bleibt.«

Paulus war geblieben, obwohl er an anderer Stelle immer wieder betont hatte, wie wichtig es ihm ist, für seinen Lebensunterhalt selbst aufzukommen.

Später war er froh, Lydias Gastfreundschaft angenommen zu haben. Er wurde bald darauf zusammen mit seinem Begleiter Silas ausgepeitscht, verhaftet und gefoltert. Durch ein Wunder kamen beide wieder frei. Und es heißt: »Da gingen sie aus dem Gefängnis und gingen zu der Lydia« (Apostelgeschichte 16,40a).

Wie gut, dass der Kontakt schon hergestellt war. Wie gut, dass ein Haus für die beiden geöffnet war, ein Herz geöffnet war und dass ihnen das Vermögen einer Frau offen stand: Da war Lydias Vermögen, Wunden zu versorgen und zu trösten; ihr Vermögen, den Verfolgten Schutz und Sicherheit zu bieten und den Raum, sich mit den anderen Gläubigen zu treffen. Und da war nicht zuletzt auch Lydias materielles Vermögen, die beiden mit allem auszustatten, was sie für die weitere Reise brauchten.

Es gab also nicht nur ein einziges Bild von Nachfolge: Männer, die ihre bisherige Existenz hinter sich ließen und auf eine Familie verzichteten. Wir brauchen auch andere Bilder für Nachfolge, wie das von Lydia, einer Frau, die Haus, Familie und Vermögen behielt, aber alles öffnete.

Abschluss: Sich von Lydia inspirieren lassen. Wir stellen uns am Fluss auf. Der Fluss des Glaubens, die Hoffnung des Ostermorgens fließt auch heute durch unser Leben.

Auf Zettel schreiben: Wo brauche ich Ermutigung, neue Inspiration, wo will ich mein Herz und mein Leben neu öffnen?

Diese Zettel »ins Wasser« legen.

Wassersalbung: Wir stellen uns in den Fluss und denken an unsere Taufe oder an eine wichtige Begegnung mit Jesus.
Gott steht in seiner Treue zu uns.
Zum Zeichen der Erinnerung an die Taufe und die Gegenwart Gottes berührt die Leiterin jede Frau mit etwas Wasser (Kreuzzeichen auf die Hand oder Stirn). Dazu wird gesungen: »Meine Hoffnung und meine Freude« (EG 576)

Gruppe 2 – *das Herz öffnen*
- **1. Einstieg ins Thema**
✗ Bibeltext nochmals lesen »... der öffnete der Herr das Herz«
✗ Austausch – was verbinden wir mit dem Begriff »Herz«?
  (Herz als Lebensquelle, Motor, Sitz der Gefühle, Wärmespeicher, Energielieferant – in der Bibel gleichbedeutend mit Seele)

- **2. Spiel**
✗ Redewendungen sammeln, in denen *Herz* vorkommt
✗ Bewegungen dazu zeigen und die anderen raten lassen
  (Beispiele: jemand ins Herz schließen, ein Stein fällt mir vom Herzen, sich etwas zu Herzen nehmen, Hand aufs Herz, einander den Puls fühlen).

- **3. Das Herz öffnen**
Bewusstes Atmen – dadurch Weiten des Brustraumes
Im Stehen – bei leiser Musik – in der Mitte eine Kerze, darum herum liegen Tücher:
Rechter Arm breitet sich zur Seite aus, dabei tief ein- und ausatmen, linker Arm (dasselbe), dann beide Arme gleichzeitig.
Schwungübung mit Tüchern
Jede Teilnehmerin nimmt zwei Tücher aus der Mitte.
Rechter Arm schwingt mit Tuch nach hinten, dann der linke Arm, mehrmals wiederholen.
Kleine Kreise mit dem Tuch in der Luft beschreiben, nach innen und nach außen, hoch schwingen und Tücher fallen lassen.
Rechter Arm herzförmig schwingen, linker Arm ebenso, ein enges Herz mit den Tüchern nachmalen, beidhändig ein großes Herz malen.
Anschließend Tücher wieder in der Mitte ablegen.

- **4. Das Gehörte aufnehmen**

Apostelgeschichte 16,14-15 nochmals laut lesen
Austausch:
Was passiert mit Lydia?
Lydia öffnet ihr Herz für das Wort Gottes, aus dem Hören mit den Ohren wird ein Hören mit dem Herzen.
Lydia hat gefunden, was sie unbewusst schon lange gesucht hat.
Sie lässt Gott in ihr Herz.
Was bedeutet es (für uns), ein offenes Herz zu haben?
Worin zeigt sich ein verschlossenes Herz? Ein geschlossenes Herz hat in sich selbst genug, es ist nicht bereit, etwas Neues aufzunehmen.

Gruppe 3 – *Tänze einüben*

- *Sonnentanz*

In der Mitte steht eine Kerze, um die wir einen Kreis bilden.
Zusammen stellen wir im Kreis die Sonne dar, die ihre Strahlen nach außen schickt.
Wir stehen zur Kreismitte gewandt und tragen symbolisch das Licht, die Wärme und die Kraft der Strahlen nach außen, gehen zurück zum Kreis und von dort einen Platz weiter.
Schritte: rechter Fuß zurück, linker Fuß vor, wiegen;
rechter Fuß vor, linker Fuß vor, rechts seit und links ran.

- *Danktanz – Al Achat* (Dank für die Errettung Israels aus Ägypten)

Israelische Musik – 4/4-Takt
Aufstellung im Kreis, wir halten uns an den Händen. Die rechte Hand empfängt (von unten her geöffnet), die linke Hand gibt (von oben her die Hand der linken Nachbarin bedecken).
4 Takte = 16 Schritte rechts herum;
2 Takte = 8 Schritte zur Mitte gewandt, dabei leicht die Arme heben;
2 Takte = 8 Schritte zurück zur Ausgangsposition gehen, die Arme wieder senken;
4 Takte = 16 Schritte nach rechts gehen;
2 Takte = mit 8 Schritten rechts um sich selbst gehen, dabei den rechten Arm in Bauchhöhe, wie zum Schutz vor sich halten;
2 Takte = das Gleiche links herum.

Gruppe 4 – *Taufe*
- *Einführung*

In der Taufe wird der Name des Täuflings laut gesagt. Dieser Name wird mit dem Christus-Namen verbunden. Wir gehören zu Jesus Christus, wir sind Christen. »Fürchte dich nicht, denn ich habe dich erlöst; ich habe dich bei deinem Namen gerufen, du bist mein« (Jesaja 43,1).

Veranschaulichung mit einzelnen Elementen

Wasser: *(evtl. ein Glas oder eine Taufschale mit Wasser gefüllt)* Wir taufen mit Wasser. Wasser ist das Element des Lebens. Alles lebt vom Wasser. Wasser kann aber auch zur tödlichen Gefahr werden. Die Wucht der Fluten kann ganze Landstriche verwüsten. Altes kann vernichtet werden, Neues kann entstehen. Gott vergibt Schuld und ermöglicht, dass unser Leben sich ändert und wandelt. »Ist jemand in Christus, so ist er eine neue Kreatur; das Alte ist vergangen, siehe Neues ist geworden« (2. Korinther 5,17).

Kreuz: Bei der Taufe zeichnen Pastorin oder Pfarrer ein Kreuz auf die Stirn des Täuflings. Mit der Taufe gehören wir zu Jesus Christus, der gekreuzigt wurde und auferstanden ist. Das Kreuz ist Zeichen dafür, dass das Leben stärker ist als der Tod. »Jesus spricht: Ich bin die Auferstehung und das Leben« (Johannes 11,25).

Hände: In der Taufe werden wir mit den Händen gesegnet. Die segnende Hand steht für Gottes Hand, die uns hält, schützt und geborgen sein lässt. »Von allen Seiten umgibst du mich und hältst deine Hand über mir« (Psalm 139,5).

Taufkerze: Bei der Taufe entzünden wir die Taufkerze. Sie ist ein Zeichen für unser Lebenslicht. Sie ist auch ein Zeichen dafür, dass Gott unser Leben hell machen will. Jesus Christus ist das Licht der ganzen Welt. Er sagt: »Ich bin das Licht der Welt. Wer mir nachfolgt, der wird nicht wandeln in der Finsternis, sondern wird das Licht des Lebens haben« (Johannes 8,12).

Taufevangelium: Wir hören das Taufevangelium aus dem Matthäusevangelium im 28. Kapitel: »Jesus trat herzu und sprach zu ihnen: ›Mir ist gegeben alle Gewalt im Himmel und auf Erden. Darum gehet hin und machet zu Jüngern alle Völker: Taufet sie auf den Namen des Vaters und des Sohnes und des Heiligen Geistes und lehret sie halten alles, was ich euch befohlen habe. Und siehe, ich bin bei euch alle Tage bis an der Welt Ende.‹«

Andere Bibeltexte zur Taufe miteinander lesen: Markus 1,9-11; Apostelgeschichte 2,37-42; 1. Korinther 1,11-17, Galater 3,26-29; Römer 6,3-11.
Austausch: Was bedeutet mir meine Taufe heute? Evtl. gegenseitig Tauftermine oder Taufsprüche erzählen.
Oder sich auch von Tauffesten aus der Familie erzählen.
Tauflied miteinander singen.

• 5. *Rezeptideen*
Da Lydia in Makedonien (Griechenland) lebte, kann man am Büfett griechische Speisen servieren; Beispiele:
✗ griechischer Salat mit Schafskäse, grünen Gurken, Paprika, Peperoni, Zwiebeln und Oliven;
✗ eingelegte Weinblätter mit Reis und Schafskäse gefüllt;
✗ gegrillte Paprika mit Schafskäse;
✗ frisches Weißbrot, süßes Gebäck, Säfte, Wein oder Wasser.

• 6. *Literatur*
   Dieser Entwurf wurde gestaltet in Anlehnung an die Arbeitshilfe des Katholischen Bibelwerkes Stuttgart, Ökumenisches Material.

Team des
Frauenverwöhnabends Schorndorf

1001 Nacht – zwischen Wunschtraum und Wirklichkeit

Zielgruppe: Frauen jeden Alters
Personenzahl: keine Begrenzung
Ort: innen

Ziel dieser Veranstaltung ist es, fern stehende Frauen in einer entspannten Atmosphäre auf unseren Glauben an Jesus Christus neugierig zu machen und ihnen die Möglichkeit zu eröffnen, Jesus persönlich zu begegnen.
Wichtig ist dabei, diese Frauen unsere Liebe spüren zu lassen, die uns untereinander verbindet und die einerseits in unserem Umgang miteinander sichtbar wird, andererseits in den liebevoll zusammengestellten Details des ganzen Abends zum Ausdruck kommt.

➤ Vorbereitung

Zur Durchführung eines solchen Abends sind viele engagierte und kreative Mitarbeiter und eine Menge Energie und Ausdauer notwendig.
Für die Planungszeit sollte man ungefähr ein Jahr rechnen. Dies braucht man, um das Thema festzulegen, rechtzeitig eine passende Referentin zu finden, etwaige Bastelarbeiten durchzuführen, die Workshops auszuarbeiten usw.

➤ Ablauf

18:00 Gebetszeit *(im Team)*
19:00 Einlass, persönliche Begrüßung am Eingang mit Empfangsdrink
19:30 Musikalische Überleitung
Offizielle Begrüßung mit einer kurzen Info zum Ablauf des Abends
19:40 Als Einführung ins Thema Präsentation einer Fotoshow mit Frauenbildern aus dem Alltag, untermalt mit dem Lied von Gloria Gaynor: »I am, what I am«
19:45 Referat zum Thema
Musikalischer Übergang zum Gebet *(mit der Möglichkeit, es persönlich mit Gott festzumachen, Gebet liegt in dem Infokuvert bei)*
20:05 Interview mit Zeugnissen zweier Frauen, die sich noch nicht so lange für Jesus entschieden haben
Musikstück
20:25 Buchtipp, Hinweis auf den Büchertisch, Kassettenbestellung vom Referat, Infos zur Gemeinde werden in Kuverts mit einer kleinen Aufmerksamkeit verteilt. Es werden Körbchen mit einer kleinen Aufmerksamkeit durch die Reihen gereicht. In jedem Briefumschlag sind neben einem Traktat mit anhängender Cappuccinoprobe (Marburger Blättermission) verschiedene Informationen zu Gemeindeveranstaltungen, eine Einladung zur Bibelgesprächsgruppe *(besser Bibelleseschnupperkurs)* für Frauen und eine Einladung zum nächsten Für-dich-Abend (kleiner Vortragsabend mit Miniworkshop und kleinem Büfett) enthalten.
Infos zu den Workshops
20:30 musikalischer Übergang zu den Workshops
21:15 musikalischer Übergang mit Teeausschank in den romantischen Teil des Abends. Ein orientalisch verkleideter Mann legt auf jedes Tischchen eine Rose.
21:25 Lesung: Geschichte von Max Lucado
21:35 Musikstück
21:40 Dankeschön an alle
21:45 Musikalischer Übergang zum orientalischen Büfett mit dezenter Hintergrundmusik
Ca. 23:30 Ende

Im Folgenden werden die einzelnen »Bausteine«, die zum Gelingen des Abends wesentlich beitragen, näher unter die Lupe genommen.
Hier finden sich auch praktische Anleitungen, Zeitpläne oder Rezepte, die zur Nachahmung gedacht sind.

➤ Planung

Bei den Frauen der Planungsteams ist eine große Portion Kreativität, Organisationstalent und Durchhaltevermögen gefragt. Durchhaltevermögen deshalb, weil sie von der Idee bis zur Durchführung des Abends ständig im Einsatz sind.

Wenn die Haupt-Idee des Abends erst einmal »geboren« ist, dann geht's richtig los. Wichtig ist, dass jeder Baustein zum Gesamtkonzept passt und dass alles möglichst perfekt aufeinander abgestimmt ist. Empfehlenswert ist, für jeden Baustein eine Ansprechpartnerin zu benennen, die sich je nach Umfang ihrer Aufgabe ein entsprechendes Helferteam zusammenstellt.

➤ Zeitplan:

Ca. 1 Jahr vorher:
Festlegen des Themas, Ideensammlung, Workshop-Themen und Workshop-Leiter überlegen, Auswahl der Referentin

Ca. 8 Monate vorher:
Festlegen der Zuständigkeiten für Büfett, Kaffeeecke, Saftladen, Einladungen, Anstecker, Anmeldung usw.
Genaue Raumplanung (Anzahl und Größe der Nebenräume bestimmen im Wesentlichen die Teilnehmerzahlen der einzelnen Workshops)

8-4 Wochen vorher:
Basteln der Einladungen
Basteln der Anstecker
Ausgeben der Rezepte an die Mitarbeiter

4-3 Wochen vorher:
Ausgeben der Einladungen
Ankündigung im Gottesdienst und in den einzelnen (Frauen-) Gruppen *(Wichtig: Einladung von Frau zu Frau, nicht im großen Stil)*
Anstecker bei Eingang der Anmeldungen mit den Namen beschriften und übersichtlich auf einer Styroporplatte befestigen (dies dient zum schnellen Wiederfinden des richtigen Ansteckers beim Einlass)

Am Vortag oder tagsüber
Dekoration der Räume
Herstellung der Speisen für das Büfett

➤ Einladung

Die Einladung dient in erster Linie dazu, die Frauen auf möglichst ansprechende Weise auf die Veranstaltung aufmerksam zu machen.

Sie enthält Kurzbeschreibungen der einzelnen Workshops und ein Anmeldeblatt. Dort können die Frauen ihren Wunsch-Workshop angeben und noch eine Ausweichmöglichkeit nennen.

Anleitung:

Aus dunkelrotem Karton bastelt man eine ca. 6 x 24 cm lange Hülle, die an einer der schmalen Seiten offen ist. Ca. $^2/_3$ der Oberseite wird mit einem rechteckigen Ausschnitt versehen, hinter den durchsichtiger Stoff (orangefarbiger Organza) geklebt wird. Das verbliebene Drittel wird mit einem orientalisch anmutenden Muster aus Goldpaillettenschlangen verziert.

In diese Hülle werden 3 leuchtend gelbe Papierstreifen, auf die die Einladung und die oben genannten Informationen gedruckt sind, hineingeschoben. Das Thema des Abends »Traum oder Wirklichkeit?« sollte so auf das oberste Blatt gedruckt sein, dass es geheimnisvoll durch den dünnen Organzastoff schimmert.

Herausziehen kann man die Blätter an einem Goldfaden, der an der Seite heraushängt.

Namenskärtchen zum Anstecken

Das Namensschildchen ist im Stil der Einladung gehalten. Aus dunkelrotem Karton werden 2 wellenförmige Kärtchen (ca. 5 x 9 cm) geschnitten. Auf das obere werden ein kleineres weißes und ein noch kleineres gelbes Schildchen, auf das der Name gedruckt ist, und ein paar Goldpailletten geklebt. Die Kärtchen werden mit Organza umwickelt. Die Rückseite bildet das zweite rote Kärtchen, an welchem eine Sicherheitsnadel befestigt wird. Durch alles wird noch ein goldener Faden gezogen und elegant verknotet.

Traum oder Wirklichkeit

➤ Dekoration

Vorherrschende Farben sind dunkle Rot-, Safran-, Orange- und Goldtöne. Orientalische Gegenstände werden überall dekorativ im Raum verteilt, durchsichtige Stoffe kunstvoll über Tische, an Wänden drapiert.

Für die Band wird ein einfacher Gartenpavillon so mit Stoffen verkleidet, dass der Aufbau an ein Beduinenzelt erinnert. Die Stühle sind bienenkorbförmig gestellt, in der Mitte steht jeweils ein kleines Tischchen mit einem passenden Dekostoff und einem dekorierten Glas.

Auf den Tischen und auf dem Büfett stehen wunderschöne Teelichter, die nach folgender Anleitung verziert werden.

Anleitung:

Kleinere Gläser und auch größere Glasgefäße außen mit gelb-orangefarbiger Strohseide bekleben. Als Kleber kann man ganz normalen Kleister nehmen. Danach die Gläser mit Goldhaardraht umwickeln, auf den kleine orangefarbene Perlen gefädelt sind. Zum Schluss Teelichter hineinstellen. Fertig!

• *Begrüßungscocktail*

Passend zum orientalisch anmutenden Wunschtraum-Flair gibt es als Begrüßungscocktail einen stark gesüßten Pfefferminztee oder Aprikosendrink, der in Gläsern mit Zuckerrand und aufgestecktem Aprikosenstückchen serviert wird. Herumgereicht werden die Drinks auf großen runden Tabletts von Frauen in orientalischer Kleidung.

➤ Verkündigung

Ziel: Ansprechende Verkündigung in zeitgemäßer Sprache mit klarem, missionarischem Ziel, Frauen zum Glauben einzuladen.
Zeit: ca. 15 Minuten

• *Traum oder Wirklichkeit?*

Zunächst Bezug nehmen auf die Dekoration, das Ambiente – wie im Märchen, einfach traumhaft! Wer von uns hat nicht schon einmal davon geträumt, eine Prinzessin aus dem Märchen zu sein? So wunderschön sein wie Schneewittchen oder ein Tischlein-deck-dich haben und nie wieder am Herd stehen und kochen müssen?

Im Vergleich zu Ländern aus der dritten Welt leben wir hier in Deutschland tatsächlich wie im Märchen. Für Menschen aus dem Sudan z. B. ist Deutschland ein Traumland. Sind wir deshalb glücklicher? Machen Reichtum und Geld, Luxus und Wohlstand wirklich glücklich und zufrieden?

Sich alle Träume und Wünsche erfüllen, bringt auch viel Stress mit sich. Wer z. B. aussehen möchte wie die Traumfrauen, muss einiges dafür tun. Nichts gegen einen gesunden Umgang mit unserem Körper – Gott hat uns unseren Körper geschenkt und wir dürfen das Beste daraus machen. Aber dieses Schönheitsideal der Medien ist doch eigentlich überzogen. Unser Problem: Wir lassen uns davon beeinflussen, machen unser Selbstwertgefühl davon abhängig, und in Wirklichkeit sieht keine Frau von Natur aus so aus. Das sind nämlich alles retuschierte Bilder.

Oder der Traumurlaub im Traumhotel mit dem traumhaften Sandstrand – wir leben das ganze Jahr darauf zu. Wie schnell hat uns nachher der Alltag wieder und wir stellen fest: Immer nur unseren Träumen und Wünschen nachzujagen – das allein kanns nicht sein!

Was ist das eigentlich? Woher kommt das eigentlich, dass wir diese Träume von Glück, diese Sehnsucht nach heiler Welt haben?

1. Mose 1,31; 1. Mose 2,15-16 lesen

Damals gab es wirklich das Paradies auf Erden. Adam und Eva lebten im Garten Eden und hatten es traumhaft schön: es war warm, sie hatten mehr als genug zu essen und sie hatten intensive Gemeinschaft miteinander und mit Gott.

Dieser traumhafte Zustand hatte jedoch bald ein Ende. Die Schlange, der Verführer kommt: 1. Mose 3,4-5. Adam und Eva erlagen der Versuchung, aßen vom Baum der Erkenntnis und damit war der Traum zu Ende. Gott vertrieb sie aus dem Paradies. Von nun an wurde es mühsam und stressig. 1. Mose 3,18-19.

Sündenfall – die Überschrift von diesen Versen. Sünde, sündigen – Begriffe, mit denen wir uns heute schwer tun. Das griechische Wort für sündigen heißt »hamarteo«, wörtlich: das Ziel verfehlen. Die Vorstellung dabei: ein Pfeil, der die Zielscheibe verfehlt und nicht ins Schwarze trifft. Sündigen heißt also Gottes Ziel verfehlen. Gottes Ziel mit uns war, dass wir in enger Gemeinschaft mit ihm leben, auf ihn hören und ihn als Gott und Herrn respektieren. Dann sollte es uns gut gehen.

So wie Adam und Eva sich jedoch nicht mit dem zufrieden geben wollten, was sie hatten, so wollen auch wir immer mehr. Aus lauter Angst, zu kurz zu kommen, holen wir uns, was wir möchten, ohne dabei Gottes Gebote zu beachten. Trotzdem: Auch wenn wir uns viele unserer Wünsche erfüllen, es bleiben immer noch Träume offen. Wir bleiben auf der Suche.

Nur einer, so sagts die Bibel, kann diesen Lebenshunger, diesen Lebensdurst wirklich zufrieden stellen. Es ist der eine, der von sich selbst sagt (Johannes 6,35): *Ich bin das Brot des Lebens ...*

Jesus Christus, Gottes Sohn, kam auf diese Welt, um unseren Traum vom wahren Leben zu erfüllen, um unsere Sehnsucht nach Lebenssinn und Lebensinhalt zu stillen. Jesus Christus hat durch seinen Tod und seine Auferstehung die Trennung zwischen Gott und uns Menschen aufgehoben. Er hats ermöglicht, dass echte Gemeinschaft mit Gott wieder erlebbar wird. Jesus steht da mit offenen Händen und sagt: Ich habe alles für dich bereit. Mach dich nicht weiter abhängig von den Träumen und Wünschen deiner Zeit. Wahre Erfüllung findest du einzig und allein bei mir.

Traum oder Wirklichkeit? Gibt es Gott wirklich? Oder ist Gott nur ein frommer Traum, eine Wunschvorstellung von irgendwelchen Tagträumern?

Wir können Gott nicht sehen und ihn nicht beweisen. Wir können ihm nur vertrauen. Dann aber werden wir auch Erfahrungen mit ihm machen und erkennen, dass Gott kein frommer Traum ist. Er lebt und wir können etwas mit ihm erleben.

(An dieser Stelle können ein paar Frauen beispielhaft von ihren Erfahrungen mit Gott berichten.)

Christsein – Traum oder Wirklichkeit? Wir Christen sind keine Traumtänzer, sondern ganz normale Leute. Wir müssen genauso mit geplatzten Träumen leben wie andere auch: werden z.B. genauso krank, haben genauso Stress in der Familie oder im Beruf, haben genauso unerfüllte Wünsche wie andere. Der einzige Unterschied: Wir haben andere Möglichkeiten, damit umzugehen. Wir können mit allem zu Gott kommen. Er lädt uns ein: Matthäus 11,28-29: *Kommt her zu mir alle, die ihr mühselig und beladen seid …*

Anne Hettinger

➤ Gebet

Nach dem Impuls-Referat wurden die Frauen eingeladen, das Gebet im Stillen mitzusprechen. Auf eine Karte kopiert, konnte es mitgenommen werden.

> *Herr Jesus, ich möchte deine Einladung annehmen*
> *und zu dir kommen, so wie ich bin:*
> *mit meinen unerfüllten Träumen, mit meiner Sehnsucht nach*
> *Leben, mit meinem Frust, mit meinen Sorgen und mit meiner*
> *Sünde.*
> *Du kennst meine Angst, zu kurz zu kommen.*
> *Du siehst, wo ich deine Gebote missachtet*
> *und dir nicht gefolgt habe. Ich bitte dich um Vergebung.*
>
> *Danke, dass du am Kreuz für mich gestorben bist.*
> *Danke, dass damit Gemeinschaft mit Gott wieder möglich ist.*
>
> *Mit dir leben – das will ich jeden Tag aufs Neue.*
> *Dir vertrauen – das will ich immer mehr.*
>
> *Hilf mir dabei. Lass mich erfahren, dass du da bist,*
> *nicht als Traum, sondern in Wirklichkeit. Amen.*

Nach der Verkündigung wurden 2 Frauen interviewt, die erzählten, wie ihr Leben vor bzw. nach ihrer Bekehrung ausgesehen hat, welche Träume sie vorher hatten und wie sich ihr Leben mit Jesus total verändert hat.

▶ Workshops

1. »Traum oder Wirklichkeit«: Aufgreifen und Vertiefen des Themas sowie Hilfestellung zu ersten Schritten mit Jesus.
2. »Auftischen wie Sheherazade«: Orientalische Rezepte selbstgemacht.
3. »Warme Atmosphäre wie im Orient«: Vom einfachen Glas zum schmucken Windlicht (Anleitung siehe oben unter Dekoration).
4. »Klare Sternennacht in Ihrer eigenen Wohnung«: Kreativ gestaltete Lichterkette.
5. »Figur wie eine Bauchtänzerin«: Bauch-Beine-Po-Gymnastik.
6. »Mascara und Khol für den Alltag«: Hilfreiche Tipps für ein leichtes Tages-Makeup.
7. »Duftoase Badezimmer«: Seifen selbst herstellen.

▶ Büfett

Es werden wunderschön dekorierte orientalische Gerichte aufgetischt. (Auch hier darf der Bezug zum Thema nicht fehlen. Windlichter, passende Tücher usw.)

Da die einzelnen Speisen nicht unbedingt bekannt sein dürften, empfiehlt es sich, kleine Stecker anzufertigen, auf denen die Namen der Gerichte stehen.

Verschiedene Vorschläge:

Hähnchen Tandoori, Falafel, Litschi-Dessert, Reismehl-Pudding, Paneer, Spinat mit Käse, Bulgur-Salat, Mandelkonfekt, Lassi süß, Lassi salzig, Greishalwa, Mohn-Mandel-Konfekt, Milchreis mit Pistazien, Mangocreme, Roter Kidney-Bohnen-Curry, Ramadansuppe, süßer Kuchen, Möhren-Linsen-Suppe, Türkische Hackfleischspieße, Mehl-Halwa, Gemüse-Tikka, Fadennudeln in Sahne, Gemüsebällchen mit Sauce, Gefüllte Pastetchen, Türkischer Grünkernsalat, Gemüsekrapfen, Kartoffel-Blumenkohl-Curry, Möhren-Halwa, Homus, Kokos-Mandel-Konfekt, Fritierte Bananen, Türkische Karotten, Paprika-Dipp, Tzatziki, Grüne Kokoscreme, Milchschnitten mit Nüssen, Glasnudelsalat, Obstsalat, Kichererbsen-Curry

Rezepte findet man leicht im Internet oder speziellen orientalischen Kochbüchern.

➤ Musik
An so einem besonderen Abend sollte auch Life-Musik nicht fehlen.

In unserem Fall wurden sogar speziell arrangierte Stücke passend zum Thema von einer kleinen Band über den ganzen Abend verteilt dargeboten.

➤ Helferteam
Wie immer bei größeren Veranstaltungen findet ein großer Teil der Arbeit im Verborgenen statt. Gerade dazu werden jede Menge Helfer benötigt.
Hier einige Teams, die man bei der Planung nicht vergessen sollte:
- ✗ Aufbautrupp,
- ✗ Technikdienst u. a. (zum Aufnehmen des Vortrags),
- ✗ Küchenteam,
- ✗ Empfangsteam,
- ✗ Spüldienst, damit immer genügend sauberes Geschirr zur Verfügung steht,
- ✗ Aufräumtrupp,
- ✗ »SOS-Männer«, die bereitstehen, um plötzlich erforderliche Kraftakte, wie Tische umräumen etc. auszuführen,
- ✗ Büchertisch.
- ✗ Während des Abends Gebetsteam, das betend unterstützt.

Cornelia Mack

Farbenfest / Regenbogenfest

Zielgruppe: Frauen jeden Alters
Personenzahl: keine Begrenzung
Ort: innen

▶ Vorbemerkung

Das Farbenfest kann man sehr unterschiedlich gestalten, je nach Zeit und räumlichen Möglichkeiten.

Am sinnvollsten ist es, sich auf die sechs Grundfarben nach dem Goethe'schen Farbenkreis (rot – orange – gelb – grün – blau – violett) zu beschränken. Dieser orientiert sich an den Regenbogenfarben. Bitte darauf achten, dass der Regenbogen mit der Farbe rot oben beginnt. Wenn die Regenbogenfarben in einer anderen Reihenfolge oder mit einer anderen Farbe oben beginnen, haben sie einen esoterischen Hintergrund.

Jede Farbe hat eine Gegenfarbe, nämlich die im Farbkreis gegenüberliegende (Gegenfarben: rot – grün / blau – orange / violett – gelb).

Diese Farben in Kombination lassen die jeweiligen Farben besonders zur Geltung kommen und bewirken auch eine besondere Spannung.

▶ Vorbereitungen

Der Raum wird mit den jeweiligen Farben dekoriert.

Jeder Tisch wird mit einem Tuch in der jeweiligen Farbe, Blumen, Kerzen und anderen farblich passenden Gegenständen dekoriert.

Ein Büfett in allen Farben wird vorbereitet – schön ist es, wenn man sie in der oben aufgeführten Reihenfolge anordnet (Regenbogen-Effekt).

Auch hier besteht die Möglichkeit, es mehr oder weniger aufwändig zu gestalten (z. B. nur Getränkebüfett, nur Nachspeisen, nur Salate).

➤ Ablauf

✗ Begrüßung – evtl. mit Regenbogencocktail
✗ Regenbogenreigen, der die Frauen an »ihren« Tisch bringt
✗ evtl. gegenseitige Vorstellung und Austausch über ihre Farbe
✗ Farbeinheit rot
✗ Liebes-Lied
✗ Farbeinheit orange
✗ Aktiv-Spiel
✗ Farbeinheit gelb
✗ Freude-Quiz
✗ Farbeinheit grün
✗ Büfett
✗ Farbeinheit blau
✗ Geschichte vom »Blaumachen«
✗ Farbeinheit violett
✗ Meditation über den Regenbogen
✗ Abschluss mit Gebet
✗ Lied EG 395 »Vertraut den neuen Wegen«

➤ Einzelne Elemente des Festes

• *Begrüßungsvorschlag*

6 Frauen aus dem Vorbereitungsteam kommen nacheinander mit einem Farbsymbol (entweder Schal in einer der genannten 6 Farben oder Plakat oder mit einem Regenbogensegment) nach vorne und stellen den Ablauf des Abends vor.

Regenbogen: Etwas aufwändig aber schön ist es, wenn ein großer Regenbogen gebastelt wird, dessen Segmente einzeln gezeigt werden können und dann bei der Begrüßung ineinander gestellt werden, sodass am Schluss der Regenbogen vollständig vorne steht und als Dekoration während des Festes stehen bleibt.

- **_Regenbogencocktail_** (*Rezept für 6 Personen*)
  2 Scheiben Ananas,
  1 kleine Dose Mandarinen,
  1 kleine Wassermelone,
  100 g Zucker,
  1 Liter Apfelsaft,
  1 Liter Apfelsprudel oder Mineralwasser,
  1 Zitrone in Scheiben geschnitten, gefrorene Heidelbeeren, einige Pfefferminzblätter.
  Alle Zutaten außer Zitronenrädchen, Sprudel, Pfefferminzblätter und Heidelbeeren mischen und 1 Stunde an kaltem Ort ziehen lassen.
  Vor dem Servieren wenige Heidelbeeren zugeben, kalten Sprudel, garnieren mit Zitrone und Pfefferminzblättern.

- **_Regenbogenreigen_**

(Melodie: Lasst uns miteinander, singen, spielen, loben den Herrn.)

Vorbereitung – für jede Frau ein Tuch aus Tüll (einfacher: ein Band aus Krepp-Papier) in den genannten 6 Farben bereithalten. Darauf achten, dass die Tücher / Bänder in gleicher Stückzahl vergeben werden bzw. dass die Gruppen gleich groß sind.

Jede Frau soll sich ein Band in einer ihr ansprechenden Farbe aussuchen. (Einfacher ist es, die Bänder oder Tücher zu verteilen – dann ist die gleichmäßige Verteilung gewährleistet.)

Die Frauen werden in 6 Gruppen nach Farben aufgestellt.

Bei den jeweiligen Liedzeilenanfängen kommen die Frauen gruppenweise in die Mitte des Raumes und gehen im Kreis. Die jeweils nächste Gruppe umringt die vorige Gruppe und geht in die Gegenrichtung. Damit dies funktioniert, muss die erste Gruppe sehr dicht zusammenstehen. Die letzte Gruppe muss einen weiten Abstand voneinander halten. Je nach Fähigkeit der Teilnehmerinnen kann man das Lied auch als Kanon singen (Achtung! Gruppe 3 und 4 und Gruppe 5 und 6 sind zusammen jeweils **eine** Kanongruppe!)

1 (Gruppe rot) Lasst uns miteinander, lasst uns miteinander, singen, spielen, loben den Herrn.

2 (Gruppe orange) Lasst uns das gemeinsam tun, singen, spielen, loben den Herrn.
3 (Gruppe gelb) singen, spielen, loben den Herrn.
4 (Gruppe grün) singen, spielen, loben den Herrn.
5 (Gruppe blau) singen, spielen, loben den Herrn.
6 (Gruppe violett) singen, spielen, loben den Herrn.

Nach dem Reigen gehen die Frauen an den Tisch ihrer Farbe.

Wenn genug Zeit ist, können sich die Frauen am Tisch einander vorstellen und einander erzählen, was ihnen an ihrer Farbe gefällt und was nicht, was sie damit assoziieren oder welche Gefühle diese Farbe bei ihnen auslöst.

- *Farbeinheiten*

Die Farbeinheiten können entweder informativ (eher im Referatsstil) gestaltet werden – oder auch in Theaterform vorgespielt werden. Frauen aus dem Team verkleiden sich jeweils in der entsprechenden Farbe und erzählen: Ich bin die Farbe ... ich stehe für ...

(Informationen zu den einzelnen Farben s. im Anhang.)

- *Liebeslied*

Wir singen ein Lied von der Liebe Gottes. Beispiele:
✗ Gott, aus lauter Liebe hast du dich zu uns aufgemacht
✗ Gottes Liebe ist wie die Sonne
✗ Die Gott lieben werden sein wie die Sonne
✗ Vater deine Liebe ist so unbegreiflich groß

- *Aktiv-Spiel (orange):*

Da Orange für Aktivität und Energie steht, bietet sich nach der Erklärung von Orange ein Aktiv-Spiel an. Beispiel:

Jede Gruppe bekommt Luftballons in ihrer Farbe, muss diese aufblasen und dann mit einem Kochlöffel an einen bestimmten Platz im Raum bringen (z. B. in einen Eimer oder zur Gruppe der jeweiligen Gegenfarbe).

- **Biblisches Freude-Quiz (gelb):**
  Da Gelb auch als Farbe der Freude gilt, im Folgenden ein Quiz zum Thema Freude (kann in den 6 Tischgruppen gegeneinander gespielt werden):
- Von wem stammt der Satz: »Die Freude am Herrn ist eure Stärke«?
  Nehemia – Jeremia – Jesaja

- Wer zog seine Straße fröhlich?
  Petrus – *der Kämmerer* – Paulus

- Wer schrieb im Gefängnis einen Freudenbrief (Philipperbrief)?
  Petrus – *Paulus* – Philippus

- Wer wird in Jesaja 40 als Freudenbotin bezeichnet?
  Jerusalem – ein weiblicher Engel – Zion

- Ihr werdet mit Freuden … schöpfen (Jesaja 12,3). Was?
  Wasser – Öl – Wein

- Wessen Kind hüpfte vor Freude im Leib?
  Marias (Jesus) – *Elisabeths (Johannes)* – Hannas (Samuel)

- Wer wird mit Freuden ernten? (Psalm 126,5)
  Die im Schweiß ihres Angesichtes arbeiten – die lange fasten – *die mit Tränen säen*

- In Römer 12,12 heißt es: Seid fröhlich in
  Trübsal – im Gebet – *in Hoffnung*.
  (Der gesamte Text heißt: Seid fröhlich in Hoffnung, geduldig in Trübsal, beharrlich im Gebet.)

- Wem wird bei der Geburt von Jesus große Freude verkündigt?
  Den Weisen aus dem Morgenland – Maria und Josef – *den Hirten*

- Über wen herrscht große Freude im Himmel? (Lukas 15,7)
  Über die Engel – über Menschen, die keine Fehler machen – *über Sünder, die Buße tun*

- **Büfett**

  Nach der Erklärung der Farbe Grün, bei der es um Wachsen und Gedeihen geht, bietet sich sinnvollerweise das Essen an. In Dankbarkeit über Gottes gute Schöpfung können wir das Büfett genießen.

- **Tischgebet**

  Herr, du hast Früchte und Gemüse, Getreide und Wein für uns wachsen lassen, damit unsere Augen sich an all den Farben und Formen erfreuen, damit unser Herz erquickt wird und unser Körper zu neuen Kräften kommt. Wir loben und preisen dich darüber. Amen.

- **Meditation – Andacht (1. Mose 9,12-14)**

Der Regenbogen hat drei Botschaften an uns:

1. Jeder Regenbogen, den wir sehen, ist ein Friedenszeichen von Gott. Er ist das Zeichen des Bundes Gottes mit seinen Menschen. Gott stellt ihn als Erinnerungszeichen an den Himmel. Gott will Frieden zwischen uns und ihm. Und er will auch, dass seine Menschen im Frieden miteinander leben.

2. Im Regenbogen sind alle Farben enthalten. Darum ist jeder Regenbogen ein Hinweis auf Gottes Fülle, auf unseren Schöpfer, der diese Welt aus Liebe zu seinen Menschen schön gemacht hat. Gott hat auch für uns Fülle bereit. »In Christus liegen verborgen alle Schätze der Weisheit und der Erkenntnis« (vgl. Kolosser 2,3). – »Von seiner Fülle haben wir alle genommen Gnade um Gnade« (Johannes 1,16). Was wir zu einem erfüllten Leben brauchen, finden wir in der Beziehung zu Christus.

3. Gott hat Hoffnung für uns. Gott will Neues schaffen – nicht nur in jedem Frühling in der Natur, sondern auch in uns. In jedem Leben wird es immer wieder stürmische Zeichen geben, Krisenzeiten, dunkle Wolken, Wetterwolken (1. Mose 9,14). Aber auch dann gilt, dass Gott seinen Bund des Friedens über uns aufrichtet. Dieses Zeichen des Friedens soll auch unsere Herzen, unsere Seelen immer wieder zur Ruhe kommen lassen, zum Frieden vor Gott und auch zum Frieden zwischen den Menschen.

- **Anhang**
Goethe'scher Farbenkreis:

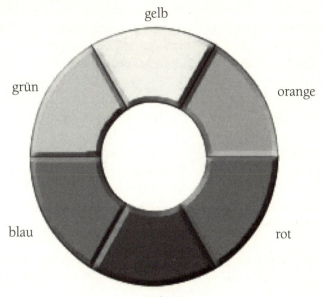

- **Farbe Rot**
- Rot regt das Nervensystem an, beim längeren Betrachten steigen der Puls, der Blutdruck und die Atemfrequenz.
- Rot ist die Farbe des Alarms, erinnert an Gefahr oder Wichtiges (Alarmknöpfe / Feuerwehr / rotes Telefon / Rotes Kreuz / Verbote im Straßenverkehr / Korrekturfarbe in Schulheften / Sonderpreise / Rotstift ansetzen / Verluste / rote Zahlen). »Ich sehe rot« bedeutet: »Ich bin wütend.«
- Rot hat auch etwas Besitzergreifendes, ist die Farbe des Zorns.
- Es ist ebenso die Farbe der Justiz. Der Bundesgerichtshof spricht sein Urteil in roten Talaren (wichtige Mitteilung), dies hat seine Ursprünge in den alten Things, wo nach einem Urteilsspruch eben oft auch Blut vergossen wurde.
- Rot ist die Farbe des Blutes, des Lebens, auch des Feuers, der Dynamik.
- Es ist die Farbe der Liebe (Rotlichtmilieu).
- Rot ist auch eine Glücksfarbe (Marienkäfer / Fliegenpilz).

- Rot war die erste Farbe, die überhaupt einen Namen bekam.
- Früher war Rot eindeutig die Farbe des Mannes (helles aggressives Rot) und Blau die Farbe der Frau. (Wenn einer Frau Rot zugedacht wurde, dann ein dunkles, warmes Rot.) Erst 1920 änderte sich das und Rosa wurde Mädchenfarbe. Auf alten Königsbildern sehen wir Jungen immer in rosa, Mädchen in hellblau gekleidet.

Bis zur französischen Revolution waren bestimmten Ständen auch bestimmte Farben, Stoffe und Kleidungsstücke zugeordnet:

Je mehr Stoff, desto vornehmer; je reiner die Farben, desto höher der Rang. (Rot war das Teuerste, Grün war gutbürgerlich, leuchtendes Blau war vornehm, dunkles gewöhnlich, Braun und Grau signalisierten geringen Stand.)

Wenn jemand unstandesgemäß rot gekleidet war, konnte das ein Grund für eine Hinrichtung sein.

Anekdote: Der rote Faden war ursprünglich eine Diebstahlsicherung. Die englische Marine webte in ihre Taue einen roten Faden mit ein, sodass jeder wusste, wem das Tau gehörte.

Den roten Faden nicht verlieren bedeutet heute: die Richtung bzw. das Ziel nicht aus den Augen verlieren.

Liturgie: Farbe der Märtyrer, für Reformation, Pfingsten, Ordination, Investitur, Kirchweihfest, Konfirmation, Missionstage, Augsburger Konfession am 25. Juni, Peter und Paul am 29. Juni; bei allen Festen, die mit der Institution Kirche zu tun haben.

Rot in den Bräuchen ist immer ein Hinweis auf den Opfertod von Jesus.

Das Blut steht für Opfer und Neuanfang, Sterben und Leben und für die große Liebe Gottes.

- ***Farbe Orange***
- Orange (Mischung zwischen Rot und Gelb) ist eine positive Farbe. Sie steht für Aktivität, Emotionalität, Feuer, Wärme, Stimulans und Aggression, Aufdringlichkeit, auch für Geselligkeit, Lustigkeit, Dringlichkeit. Der Name der Farbe leitet sich von der Frucht Orange ab –

bis zum Bekanntwerden von Orangen gab es den Namen Orange gar nicht.
- Im Buddhismus ist Orange die wichtigste Farbe (Hare Krishna / buddhistische Mönche), dort ist es die Farbe des Wandels, Konfuzianismus, Erleuchtung, Vollkommenheit (Goldfische sind deswegen in dieser Kultur ein wichtiges Symbol).
- Der Mandarin (chinesischer Minister) trug Orange bzw. Mandarin.
- Auf Gemälden des Mittelalters finden wir reines kräftiges Orange nicht, sondern immer in Tendenz zu mehr Rot oder mehr Gelb.
- Es kam im Westen nicht in Reinform vor. Es war auch keine Wappenfarbe. In Europa gab es kein Naturmaterial in Orange.
- Orange ist heute eine Werbefarbe und auch Sicherheitsfarbe (Straßenarbeiter, Müllmänner, Straßenbaumaschinen, bestimmte gefährliche Maschinenteile, giftige Inhaltsstoffe sind mit orangem Etikett gekennzeichnet).

Kunst: Es steht für Geist Gottes, Dynamik, Veränderung, Energie, Verheißung, Erwartung, Aufbruch, Pfingsten, Ostern.

Anekdote: Orange ist die Nationalfarbe der Niederländer, Farbe des Königshauses (Oranje = Oranier), weil das Stammhaus des Adelsgeschlechtes in der französischen Provinzhauptstadt Orange beheimatet ist. Der Enkel von Prinz Wilhelm I. war Wilhelm der Dritte – er wurde 1688 nach dem Sturz der katholischen Stuarts König von England und Irland. Er wurde auch William of Orange genannt, er war Protestant wie alle Oranier. So wurde Orange zur Farbe des Kampfes gegen die Katholiken. Die Farbe der Katholiken war Grün (= Nationalfarbe Irlands). Deswegen ist heute die irische Flagge grün – weiß – orange. Der weiße Streifen ist ein Symbol für den Frieden.

Die Flagge der Niederländer ist heute rot – weiß – blau, weil das Rot in der Schifffahrt auf die Ferne besser erkennbar ist, die Bezeichnung ist bis heute aber: oranje – blanje – bleu.

- ***Farbe Gelb***
- Assoziationen: Freude, Aufbruch, Aktivität, Zukunft, Glück, Wärme, Sonne, Frühling. Viele Frühblüher sind gelb (Löwenzahn, Narzissen,

Huflattich, Tulpen, Schlüsselblumen). Viele Osterbilder sind in Gelb gemalt.
- Gelb hat die beste Fernwirkung, darum begegnet uns im Alltag Gelb bei Straßenhinweisschildern (Schwarz auf Gelb ist aus der Ferne am besten zu lesen), bei der Segelkleidung, Post, gelbe Binde für Blinde, Internationale Warnfarbe (Radioaktivität), gelb-schwarze Streifen an Türrahmen oder am Straßenrand (= Achtung), gelbe Karte im Fußball.
- Gelb steht aber auch für Neid, Ärger und Eifersucht.
- In der Psychologie ist es die Farbe für Hass, Zorn und Hunger, auch für Angst.
- »Gift und Galle spucken« (bezieht sich auf Gelb wie Galle).
- Nierenkrankheiten und Vergiftungen machen gelbe Haut, die gelbe Flagge auf einem Schiff und im Mittelalter war ein Zeichen für die Pest.
- Die *yellow press* in England und Amerika ist die Bezeichnung für Skandalblätter (to yell = schreien, gellen), im Mittelalter war es die Kennfarbe der Geächteten (Prostitution), darum ist es auch keine liturgische Farbe. In der nationalsozialistischen Zeit war es Zeichen für die Juden.
- Für die Asiaten ist Gelb die schönste Farbe (gelbe Haut), Hoheitsfarbe des Kaisers. In China ist es die Farbe der Mitte und des Guten.

Färbemethoden: Gelb wurde aus Safran hergestellt – für ein Kilo Farbstoff brauchte man 100 000 – 200 000 Blüten, darum war es eine teure Farbe. Safran färbt licht- und waschecht. In Europa war es zu teuer, in Arabien war der Farbstoff in Hülle und Fülle vorhanden, darum war es dort eine häufige Farbe. »Zafaran« heißt auf arabisch »Farbe«.

Kunst / Kunstbilder: Im Mittelalter war Gelb in Bildern Zeichen für das Böse. Heute ist es auch ein Zeichen für Freude, Aufbruch, Wärme und Ostern.

- **Farbe Grün**
- Farbe des Lebens, der Fruchtbarkeit, Wachstum, Hoffnung, Farbe des Waldes (grüne Lunge), steht für Aufbruch und Hoffnung, Natürlichkeit und Heilkraft.
- Grün steht sowohl für das Altvertraute, als auch für junge Liebe und für Jugend (Stadium der Unreife bei Früchten).

- Grün ist eine Tarnfarbe für Jäger.
- Soldatenuniformen wurden früher in Signalfarben gestaltet (für den Nahkampf von Mann zu Mann). Heute nimmt man dafür Tarnfarben, weil es fast nur noch Fernkampf gibt.
- Grün wirkt ausgleichend, harmonisierend, neutral. Daher kommt auch die Bezeichnung »der grüne Tisch«. Spieltische (Billardtische), Kanzleitische waren grün, weil sie auf die Augen beruhigend wirken.
- Der grüne Salon – war früher die Wohnzimmerfarbe, das Zimmer, in dem man entspannte und sich erholte. Grün dient der Beruhigung, bei psychosomatischen Erkrankungen wird häufig Grün angewandt – auch die therapeutische Wirkung von Waldspaziergängen hat sicher mit der Wirkung des Grün zu tun.
- »Komm an meine grüne Seite« meint die linke Seite, weil es die Herzseite ist.
- Wer links sitzt, ist dem Herzen näher. Wenn ich jemand nicht grün bin, bedeutet das: »Mein Herz schlägt nicht für ihn oder sie.«
- Im Alltag ist Grün die Farbe für Erlaubnis, Durchgang, Zugang, Notausgang. Wir geben jemandem grünes Licht (Ampel).
- Im Mittelalter war es die Farbe der Heiligen – Johannes der Täufer, Heiliger Geist, heiliger Michael.
- Rot oder Purpur steht für Gott Vater, Blau für den Sohn, Grün für den Heiligen Geist.

Liturgie: Hier steht Grün für Pflanzen, Wachsen und Frucht bringen (nach Trinitatis, an Erntedank, nach dem Erscheinungsfest).

Psalmbeter sprechen von den grünen Auen (Psalm 23) oder von Bäumen (Psalm 1,3). »Der ist wie ein Baum, gepflanzt an den Wasserbächen, der seine Frucht bringt zu seiner Zeit und seine Blätter verwelken nicht.«

- **Farbe Blau**
- Assoziation: Wasser, Himmel. Blau steht auch für Ferne, Sehnsucht, Vergangenheit und Nostalgie, weil die Ferne immer blau wirkt.
- Eine »Fahrt ins Blaue« ist eine Fahrt ins Ungewisse, man redet ins »Blaue« hinein oder man schießt ins Blaue – dies bedeutet Ungewissheit.

- Dunkles Blau vertieft, konzentriert. Helles Blau aktiviert.
- Menschen, die von Blau angezogen sind, neigen zu Klarheit, Nüchternheit, Kühle, Konzentration, raschem Arbeiten, Genauigkeit.
- Blau bedeutet darum auch Kühle und Nüchternheit. Blau steht auch für Entspannung, Stille, Ruhe, Erholung.
- Orange ist die heißeste Farbe, Blau die kälteste.
- Blau ist die Farbe des Schattens auf Bildern.
- In blauen Räumen wirken Gesichter fahl und Speisen verdorben.
- Blau steht auch für das Denken und Gedanken. Blau ist eine »deutsche Farbe«, denn es ist die Lieblingsfarbe von 36 % der Frauen und 40 % der Männer in Deutschland (Rot jeweils 20 %).
- Blau bedeutet auch Treue und Klarheit, Innerlichkeit.
- Ein Beweis der Treue ist erst nötig, wenn jemand in der Ferne (im Blauen) ist und Gelegenheit zur Untreue hat. Blau steht darum auch für Freundschaft. Blau bedeutet auch Sehnsucht und Traurigkeit (Blues = Lied der Sehnsucht).
- Ursprünglich war Blau die Farbe »ewiger Treue« bzw. Farbe der Ritter, die einer Dame ihre Verehrung zeigen wollten (Anhimmeln), diese Redewendung wurde später zur Farce. Später wurde Blau auch die Farbe der Lüge und der Ehebrecher, zur Strafe mussten sie Blau tragen – darum wurde auch Blau nie liturgische Farbe.
  (»Das Blaue vom Himmel herunterlügen.« – »Sein blaues Wunder erleben.«)
- Blau erlaubt etwas (Gebote im Straßenverkehr sind auf blauen Schildern).
- *Blaues Blut*: Spanische Adlige stammten von hellhäutigen Westgoten ab; dadurch waren sie hellhäutiger als die spanischen Landsleute, durch die hellere Haut schimmerten die Adern blau durch.

Geschichte vom »Blau machen«: Die Begriffe »blau machen« und »blau sein« kamen von der Färbemethode her: Die Gewinnung der Farbstoffe aus den Pflanzen war mühsam, viele Farbstoffe mussten importiert werden, das Färben war arbeitsintensiv. Aber Blau war schon immer einfach zu färben, darum billig und häufig. Früher waren die Farben der Kleidung keine Farbe des Geschmacks, sondern des Geldes. Darum war die Arbeitskleidung häufig blau (Blauer Anton, Uniformen).

In früheren Jahrhunderten war Indigo der wichtigste Farbstoff überhaupt, weil er waschecht und lichtecht war. Er konnte aus verschiedenen Pflanzen gewonnen werden – z. B. aus Waid: die Blätter wurden geerntet und getrocknet. Zum Färben brauchte man heißes Wetter, ein großes flaches Gefäß, 600 Liter Flüssigkeit und 25 Kilo Blätter, die in der Sonne standen. Die benötigte Flüssigkeit war menschlicher Urin, der in der Sonne gegoren wurde.

Durch eine zweite Gärung wurde der Farbstoff wasserlöslich. Dies funktionierte wesentlich besser, wenn man Alkohol zugab. Nun war es aber zu schade, den Alkohol einfach so zuzugeben. Vielmehr ließ man die arbeitenden Männer viel Alkohol trinken und dann mit dem Urin ausscheiden.

Die erste Gärung dauerte drei Tage. Männer, die Blau machten, mussten also drei Tage lang viel Alkohol trinken, dann mit dem Urin die Produktion von blauer Farbe vorantreiben, in der Sonne liegen und dreimal täglich die Blätter in der Brühe mit den bloßen Füßen wenden. Dann kam die zweite Gärung, dazu wurde außer dem alkoholhaltigen Urin noch viel Salz zugegeben. Dieser Vorgang dauerte drei bis acht Tage.

Je mehr Alkoholzusatz, desto intensiver wurde die blaue Farbe.

Dann erst konnte man Garne darin färben. Die Farbe der Garne war dann zunächst braun. Auch diese Garne wurden wieder in Urin gespült und dann zum »Verblauen« an der Sonne getrocknet. Die Farbe entsteht erst durch Licht und ist darum lichtecht. Blaufärben war also eine angenehme Tätigkeit im Freien, mit wenig Arbeit und viel Alkohol verbunden. Wer blau gemacht hatte, war »blau«.

Kunst / Kunstbilder: Als Malfarbe war Blau die teuerste Farbe überhaupt, diese Frabe wurde aus Lapislazuli hergestellt. Ultramarin wurde von jenseits des Meeres importiert (daher der Name), war so teuer oder teurer als Gold. Darum wurde es in der Malerei nur für das Göttliche verwendet, das Kostbarste, das Ewige.

Beispiele: Blau-rot bei Maria, blaue Mandorla Christi, Christus mit blauem Mantel als Kosmokrator (als Weltbeherrscher, auf einer Weltkugel thronend).

- **_Farbe Violett_**
  - Violett ist eine Mischung zwischen Rot und Blau.
  - Violett steht für Traurigkeit oder Konzentriertheit, aber auch für Unruhe und Spannung. Es ist eine magische Farbe, die Erhabenheit und Weisheit, melancholische Wehmut signalisiert. Sie ist aber auch Trauerfarbe, steht für Buße, Besinnung und Einfühlung.
  - Es ist eine Mischung aus Rot und Blau:
    Rot steht für die Erde, Leben, Feuer; Blau für den Himmel, Wasser, Kälte, darum finden wir in Violett:
  - Harmonie der Gegensätze;
  - Gegensatz zwischen Erobern und Hingabe;
  - Leben und Ferne;
  - Durchdringung von Himmel und Erde – Grundstein des himmlischen Jerusalems ist ein Amethyst (violett);
  - Jesus = wahrer Mensch und wahrer Gott – Farbe des Leidens und der Buße.
  - »Die Nacht ist vorgerückt, der Tag aber nahe herbeigekommen« (Römer 13,12).
  - Violett wirkt oft fremdartig, war eine seltene und teure Farbe. Sie hat eine geheimnisvolle Wirkung.
  - Mit mehr Rot-Anteilen wirkt sie verzaubernd, zwiespältig, schwächlich. Mit mehr Blauanteilen eher mystisch, unruhig und beschwerend.
  - Violett ist kein deutscher Name, die Bezeichnung ist aus dem Französischen entlehnt (frz. violet = veilchenblau).

Purpur ist die Mischung zwischen Violett und Rot. Purpur war eine sehr teure, lichtechte Farbe und wurde aus Purpurschnecken gewonnen. Der Purpurvorhang im Tempel war ein Zeichen der Macht und der Herrschaft. Das Priestergewand Moses war ebenfalls aus Purpur. Die Soldaten gaben Jesus ein Purpurgewand. Kaiserkleidung wurde aus Purpur hergestellt. Bis heute ist das Diadem im englischen Königshaus mit purpurfarbenem Samt unterlegt. Violett war auch die Tintenfarbe des Kaisers. Die Byzantinische Kunst war ganz auf Purpur abgestimmt.

Heute steht Purpur auch als Zeichen der Frömmigkeit, für Glaube und Theologie. Es ist die Farbe der evang. Kirche. Die Kirchenfarbe auf Fahnen kommt dem ursprünglichen Purpur sehr nahe.

Färbemethoden
Purpurschnecken wurden in Kesseln gesammelt, dort ließ man sie faulen, dadurch entstand viel Schleim, der den Farbstoff enthält. Diesem Brei wurde Salz zugesetzt. Das Ganze wurde 10 Tage geköchelt, daraus entstand ein gelb-trüber Extrakt. Darin wurde gefärbt. Im Sonnenlicht getrocknet entstand aus Schmutzgelb zuerst Grün, dann Rot, dann die Purpurfarbe (lichtecht). Ob daraus Lila oder Dunkelviolett wurde, hing von der Schneckenart ab.

Kunst / Kunstbilder: Passion, Leiden (Advents- und Passionsfarbe, Fastenfarbe, Kirchenfarbe).
In der Kunst wird oft auch Violett für das Schwere und Unheimliche verwendet, wenn kein Schwarz verwendet werden soll.

- **Meditation**

>	Regenbogen …
>	Regenbogen – Bogen des Friedens
>	Über uns gespannt
>	Wie ein sicheres Tor.
>	Gezeichnete Treue.
>	Vater im Himmel –
>	Du lässt nicht aufhören
>	den Wechsel des Jahres
>	nach Deinem Versprechen.
>	Gibst uns Halt
>	in dir.

REGENBOGEN

Regenbogen – Bogen der Vielfalt
Voller Farben und Kreativität
immer neu zum Staunen und zum Danken
Erdacht aus phantasievoller Liebe.
Anfang und Ende in der Ferne
Füllt unser Herz mit Sehnsucht
und Vorfreude
auf deinen Himmel
auf dich.

Regenbogen – Bogen der Liebe
Ruhe für unsre aufgeschreckten Herzen
Entsprungen aus freundlicher väterlicher Liebe
gebogen wie ein offenes Tor
uns zugeneigt
wie du.

Regenbogen – Bogen der Hoffnung
Grund zur Freude und zum Aufatmen
Du stehst zu uns, Vater im Himmel,
Du gehst mit uns.
Trotz Wetterwolken und dunkler Tage
geht der Weg weiter
nach vorne
zu dir.

Cornelia Mack

Margarethe Scheck

Weißt du, wie viel Sternlein stehen ...

Zielgruppe: Frauen jeden Alters
Personenzahl: keine Begrenzung
Ort: außen – für eine laue Sommernacht unterm Sternenzelt;
innen – für die Weihnachtszeit

▶ Vorbereitungen

Dekoration: dunkelblaue Tücher mit Sternen bedruckt; oder dunkelblaue Tischdecken / Papierdecken ... und darauf goldene Streusterne oder ausgeschnittene Sterne verteilen; Kerzen in Sternform (evtl. selbst gießen in Ausstecher-Form); Sternlaternen, Servietten mit Sternen (Tipp: Beim Weihnachtseinkauf gleich fürs Sommerfest mit einkaufen!); Sternfrüchte / Stern-Anis / Sterne aus Schokolade; Seesterne, Weihnachtsstern, Stern (Zeitung); Utensilien der Sternwarte / Fernrohr ...; Stern-Ausstecher / Zimtsterne / Sternkuchen; Suppe mit Sterneinlage.

▶ Programmablauf

- **Stern-Cocktail** zum Empfang (siehe Anhang Nr. 3)

- **Begrüßung** (z.B. siehe Anhang Nr. 1)

- **Lied** (siehe Anhang Nr. 2)

- **Stern-Spiele** zur Auswahl (siehe Anhang Nr. 4)

- **Stern-Kunst aus der Feder:**
  Jede Gruppe schreibt ein kurzes Gedicht über den »Stern« ... »Sternenhimmel« ... , es soll mindestens ein Vierzeiler sein. Wir lassen einander teilhaben am Kunstgenuss.

- **Sterngenuss:**
  Wir lassen uns die Sterne schmecken: Verschiedenes Gebäck in Sternform (Ausstecher, Zimtsterne ...), Sternfrüchte.

- **Sternstunden:**
  Abraham hat seine Sternstunde erlebt. Ist unter uns eine Frau, die auch von einer / ihrer Sternstunde erzählen kann?
  Schön wäre es, wenn wir uns dies erzählen könnten (evtl. bereits im Vorfeld absprechen und vorbereiten ...).

- **Biblische Stern-Bezüge:**
  Schöpfung (1. Mose 1); Abraham (1. Mose 15); Weihnachtsgeschichte (Matthäus 2); Offenbarung (Kap. 1 / 22).

- **Sterne der Verheißung** *(siehe Anhang 5):*
  Große gelbe Sterne ausschneiden; auf jeden Stern eine biblische Stern-Verheißung gut lesbar schreiben (Bsp.: 1. = Gott schuf die Sterne ...), alternativ: auf Folie schreiben.
  Die Texte werden im Wechsel von mehreren Frauen gelesen: Eine Frau liest jeweils die Verheißung, eine andere Frau die Erklärung dazu. Der entsprechende Stern wird dabei jeweils hochgehalten (bereits gelesene Sterne bleiben oben).

- **Segen:**
Abrahams Segen:
Gott spricht Abraham unter dem Sternenzelt zu:
Ich will dich segnen und will dich zu einem großen Volk machen und du sollst ein Segen sein.

Blicken auch wir in den Sternenhimmel ... Diese Segens-Zusage gilt nicht nur Abraham, sondern auch uns.

Wir dürfen unter dem Sternenhimmel unsere Sehnsucht sprechen lassen, vielleicht hören wir dann auch eine Stimme oder wir finden einen / unseren persönlichen Verheißungsstern.

➤ Anhang
• **1. Zum Nachdenken:**
»Nur in der Nacht …!«
Eine Freundin hörte ich sagen: »Nur in der Nacht siehst du die Sterne.« Eigenartig, denke ich, das stimmt!
Wenn an Weihnachten oder an Epiphanias (oder beim Sommernachts-Fest) von einem Stern die Rede ist, dann setzt das die Nacht voraus.
Wir haben das auch schon erlebt: wenn es Nacht ist – keine Aussicht – alles dunkel und trüb aussieht, wenn ich nicht durchblicke und ich nicht hinaus-, sondern nur schwarz sehen kann …, dann ist es Nacht!
Lassen wir die Nacht zu? Oder suchen wir gleich »Ersatzlichter«?
Wir sind eingeladen, die Nacht zuzulassen; mit Gott ins Gespräch zu kommen, und warten und geschehen lassen, dass ein Licht kommt, ein »Stern« aufgeht, mir ein »Licht« aufgeht.
Nicht alles gleich begreifen wollen im Licht des Denkens und Erklärens, sondern mich greifen, ergreifen lassen von Nichtsteuerbarem, vom Gefühl, von dem Licht … *dem Stern, der erst in der Nacht zum Leuchten kommt!*

• **2. Lieder / Musik**
· Stern in dunkler Nacht (S. Fietz aus: Eine Reise durch die Bibel; Abakus Verlag)
· Weißt du, wie viel Sternlein stehen? (EG 511)
· Wie schön leuchtet der Morgenstern (EG 70)
· Der Morgenstern ist aufgedrungen (EG 69)
· CD: »Himmelsflöte« von H.-J. Hufeisen: Der Stern in mir; Wie schön leuchtet der Morgenstern
· CD: »Abendstern« von H.-J. Hufeisen

- **3. »Stern-Cocktail« zum Empfang**

für 2 Gläser:
- 150g frische Ananas
- 1/8 l Pfefferminztee
- Zucker nach Bedarf
- etwas Zitronensaft
- 2 Eiswürfel

Ananas in Würfel schneiden, Pfefferminztee süßen, mit Zitronensaft abschmecken, kühl stellen bis zum Servieren: Eiswürfel ins Glas geben, Früchte darauf geben, gut gekühlten Tee darüber gießen, mit Sternfrucht oder Ananas garnieren.

- **4. Stern-Spiele**

Stern-Schnuppe:
Jede Gruppe bekommt einen großen ausgeschnittenen Stern und Stifte. Innerhalb von 30 Sekunden soll nun jede Gruppe Begriffe notieren, die ihnen zu dem Wort Stern einfallen;
z.B.: Sternschnuppe, Milchstraße, Sterndeuter, Sternzeichen, Stern (Zeitung), Sternsänger, Zimtsterne.
Bei der Wertung wird zuerst die Gesamtzahl addiert; anschließend werden alle Sternworte »aussortiert«, die andere Gruppen auch haben.
Wie viele Sterne bleiben in jeder Gruppe noch übrig?

Sternsänger:
Wir erraten und singen ein oder mehrere Sterne-Lieder. Wem fällt spontan ein Lied mit »Stern« ein?

Stern-Puzzle: (viel Platz nötig)
Jede Gruppe erhält 48 gleichseitige Dreiecke (auf festes gelbes Papier kopiert und ausgeschnitten; s. Anlage 9), aus denen sie möglichst schnell einen Stern zusammensetzen soll.

Sterntalerspiel:
Sterne (gelbes Tonpapier) ausschneiden und auf die Rückseite Nummern schreiben (jede Nr. beinhaltet eine Frage oder einen Joker) und Sterne im Raum verteilen. Jede Gruppe holt sich 5-10 Sterne.

Punktewertung je nach Schwierigkeitsgrad, 10 – 15 – 20 Punkte. Goldsterne schenken der Gruppe 20 Punkte.
Nun werden die Fragen der Reihe nach gelöst, die Punkte addiert.

Fragen zum Sterntalerspiel
1. Goldstern
2. Wie heißt der Kaiser z. Zt. der Geburt von Jesus? (Augustus)
3. Aus welchem Königshaus stammte Jesus? (David)
4. Um wie viel älter als Jesus war Johannes der Täufer? (6 Monate)
5. Welche Bedeutung hat der Name Jesus? (Der Herr ist Rettung)
6. Goldstern
7. Wie heißt der Geburtsort von Jesus? (Bethlehem)
8. Nennt drei Namen, mit denen die Engel Jesus ankündigten?
(Christus, Herr, Heiland)
9. Wo wurde Maria die Geburt angekündigt? (Nazareth)
10. Goldstern
11. Welcher Prophet sagte den Geburtsort von Jesus voraus? (Micha)
12. Auf welche Weise sprach Gott sowohl zu Josef als auch zu den Weisen?
(Traum)
13. Nennt den Namen einer Frau aus dem Stammbaum von Jesus
(Rahab, Ruth, Bathseba)
14. Was bedeutet der Name »Immanuel«? (Gott mit uns)
15. Goldstern
16. Wie hieß der Mann, dem Gott verheißen hat, dass er so viele Nachkommen haben wird, wie Sterne am Himmel stehen? (Abraham)
17. Wie hieß seine Frau, die schon sehr alt war? (Sara)
18. Wie kam es zur Geburt von Jesus durch Maria?
(Gnade Gottes; Auswahl eines menschlichen »Gefäßes«,
Zeugung durch den Heiligen Geist; Wunder und Geheimnis Gottes)
19. Goldstern
20. Goldstern
21. Welcher Psalm gilt als der Adventspsalm? (Psalm 24)
22. Wie bezeichnete der Engel Jesus bei der Ankündigung der Geburt an Maria? (Sohn des Höchsten, König über das Haus Jakob)
23. Goldstern

24. Wer sagte voraus: »Es wir ein Stern aus Jakob aufgehen und ein Zepter aus Israel aufkommen«? *(Bileam; 4. Mose 24,17)*
25. Aus welchem Grund begaben sich Maria und Josef nach Bethlehem? *(Volkszählung)*
26. Welche Berufsgruppe sah in der Ferne einen besonderen Stern? *(Weise aus dem Osten)*
27. Goldstern
28. Mit welchen Namen wurde Jesus in Jesaja 9 angekündigt? *(Wunder-Rat; Gott-Held, Ewig-Vater; Friede-Fürst)*
29. Goldstern
30. In welchem Evangelium steht die Weihnachtsgeschichte? *(Lukas / Matthäus = Weisen aus d. Morgenland)*
31. Goldstern

- **5. Stern-Verheißungen**

Gott schuf die Sterne (1. Mose 1,16; Psalm 8,4):

In der Schöpfung verkündigen die Sterne die Allmacht und Größe des Schöpfers. Gott gebraucht von Anfang an die Sterne als seine Botschafter.

Beispiele:
- ✗ Für die Strecke Erde-Mond braucht das Licht nur eine Sekunde, zum nächsten Stern aber vier Lichtjahre. Der Durchmesser des Kosmos wird auf 15 Milliarden Lichtjahre geschätzt.
- ✗ Wenn die Erde so klein wie eine Nuss wäre, dann wäre die Sonne so groß wie eine Kugel von 1 m Durchmesser.
- ✗ Ein D-Zug mit einer Stundengeschwindigkeit von 100 km könnte in einem Jahr 876 000 km zurücklegen, wenn er unaufhörlich fahren würde. Um bei dieser Geschwindigkeit die Sonne zu erreichen, müsste er 171 Jahre und 84 Tage fahren, denn die Sonne ist etwa 150 Millionen km von der Erde entfernt.

Über dem Betrachten des Sternenhimmels und dem Erkennen der ungeheuren Weiten kommen wir immer neu ins Staunen (Psalm 8,2.4-5.10):

> »Herr, unser Herrscher, wie herrlich ist dein Name in allen Landen, der du zeigst deine Hoheit am Himmel!

Wenn ich sehe die Himmel, deiner Finger Werk, den Mond und die Sterne, die du bereitet hast: Was ist der Mensch, dass du seiner gedenkst, und des Menschen Kind, dass du dich seiner annimmst?
Herr, unser Herrscher, wie herrlich ist dein Name in allen Landen!«

Schöpfungslied singen z. B.:
Du großer Gott, wenn ich die Welt betrachte

Gott erwählt sein Volk (1. Mose 15,5):
Die Sterne bekräftigen Gottes Zusage an Abraham, dass Gott aus ihm, dem Auserwählten, ein großes Volk machen würde.
Gott hieß Abraham hinausgehen und sprach: »Sieh gen Himmel und zähle die Sterne; kannst du sie zählen?« Und sprach zu ihm: »So zahlreich sollen deine Nachkommen sein« (1. Mose 15,5).

Gott verheißt den Messias, Jakobs Stern:
Dieses Volk und mit ihm die ganze Menschheit bekommt nun die Verheißung des Messias, verbunden mit dem Bild des Sternes: *»Es wird ein Stern aus Jakob aufgehen und ein Zepter aus Israel aufkommen ...«* (4. Mose 24,17).
Diese Verheißung hat sich erfüllt.
Wir singen: *Jakobs Stern ist aufgegangen*

Gott wird Mensch; der Stern von Bethlehem erscheint (Matthäus 2,2):
Die Menschwerdung des Gottessohnes war begleitet von dem hellen leuchten des Sterns von Bethlehem, das auch die Weisen aus dem Morgenland ins Staunen versetzte. Und sie machten sich auf den weiten Weg, diesem Stern nach, bis sie das Kind gefunden hatten.
»Als sie den Stern sahen, wurden sie hocherfreut und gingen in das Haus und fanden das Kindlein mit Maria, seiner Mutter, und fielen nieder und beteten es an und taten ihre Schätze auf und schenkten ihm Gold, Weihrauch und Myrrhe« (Matthäus 2,10ff.).
Die drei Weisen laden uns ein, mit ihnen das Kind anzubeten:
Steht auf, ihr lieben Kinderlein (EG 442)

Gottes Wort erleuchtet:
Seit der Stern in Bethlehem erschienen ist, will er auch in unseren Herzen aufgehen. So baut und vollendet Gott sein Volk.
Wir lesen im Petrus-Brief (2. Petrus 1,19):
»Umso fester haben wir das prophetische Wort, und ihr tut gut daran, dass ihr darauf achtet als auf ein Licht, das da scheint an einem dunklen Ort, bis der Tag anbreche und der Morgenstern aufgehe in euren Herzen« (2. Petrus 1,19).
Matthäus 13,43: *Alle Menschen, die Jesus Christus, den Morgenstern, anbeten und ihm die Führung ihres Lebens anvertrauen, werden »leuchten wie die Sonne«.*
Daniel 12,3: *»Und die da lehren, werden leuchten wie des Himmels Glanz, und die viele zur Gerechtigkeit weisen, wie die Sterne immer und ewiglich.«*

Die sieben Sterne – Zeichen der Gemeinde (Offenbarung 1,16):
Das ist das Ziel unseres Lebens. Und dort wird Jesus Christus stehen, der die sieben Sterne, die Gemeinde, in seiner Hand hält. In großer Freude werden alle, die hier auf Jesus, den Morgenstern geschaut und ihm vertraut haben, Gott loben und preisen.
Evtl. Lied: *Stern auf den ich schaue* (EG 407)

Jesus Christus ist der helle Morgenstern (Offenbarung 22,16): Der Morgenstern war in der Antike Zeichen des Sieges und der Weltherrschaft. Jesus Christus bezeugt selbst am Ende der Offenbarung: »Ich bin die Wurzel und das Geschlecht Davids, der helle Morgenstern« (Offenbarung 22,16).
Dieser Name ist Ausdruck seiner sieghaften Macht und Herrlichkeit. Jesus Christus, der Morgenstern, führt den Tag Gottes herauf, den Tag, dem keine Nacht mehr folgen wird.

Musik oder Lied: Wie schön leuchtet der Morgenstern
Der helle Morgenstern gibt uns Orientierung (Johannes 14,6): Jesus sagt: »Ich bin der Weg und die Wahrheit und das Leben ...«
Wir finden unseren Weg durch die Ereignisse unseres Lebens und unserer Zeit, wenn wir unseren Blick auf Jesus richten.

- **6. Märchen:**
Die Sterntaler

Es war einmal ein kleines Mädchen, dem war Vater und Mutter gestorben, und es war so arm, dass es kein Kämmerchen mehr hatte, darin zu wohnen, und kein Bettchen mehr, darin zu schlafen, und endlich gar nichts mehr als die Kleider auf dem Leib und ein Stückchen Brot in der Hand, das ihm ein mitleidiges Herz geschenkt hatte. Es war aber gut und fromm. Und weil es so von aller Welt verlassen war, ging es im Vertrauen auf den lieben Gott hinaus ins Feld.

Da begegnete ihm ein armer Mann, der sprach: »Ach, gib mir etwas zu essen, ich bin so hungrig.« Es reichte ihm das ganze Stückchen Brot und sagte: »Gott segne dir's«, und ging weiter. Da kam ein Kind, das jammerte und sprach: »Es friert mich so an meinem Kopfe, schenk mir etwas, womit ich ihn bedecken kann.« Da tat es seine Mütze ab und gab sie ihm. Und als es noch eine Weile gegangen war, kam wieder ein Kind und hatte kein Leibchen an und fror; da gab es ihm seins; und noch weiter, da bat eins um ein Röcklein, das gab es auch von sich hin.

Endlich gelangte es in einen Wald. Es war schon dunkel geworden, da kam noch eins und bat um ein Hemdlein, und das fromme Mädchen dachte: »Es ist dunkle Nacht, da sieht dich niemand, du kannst wohl dein Hemd weggeben«, und zog das Hemd ab und gab es auch noch hin. Und wie es so stand und gar nichts mehr hatte, fielen auf einmal die Sterne vom Himmel und waren lauter harte blanke Taler; und ob es gleich sein Hemdlein weggegeben, so hatte es ein neues an, und das war vom allerfeinsten Linnen.

Da sammelte es sich die Taler hinein und war reich für sein Lebtag.

- **7. *Zum Schmunzeln:***

Wir kennen folgenden Abschnitt der Weihnachtsgeschichte: Die Weisen entdecken und folgen dem Stern …

Frage: Was wäre passiert, wenn die drei Weisen aus dem Morgenland keine Männer, sondern weise Frauen gewesen wären?

Antwort: Sie hätten nach dem Weg gefragt, wären pünktlich angekommen, hätten bei der Geburt geholfen, den Stall geputzt, einen Topf Suppe gekocht und ein paar praktische Geschenke mitgebracht.

- **8. Erzählungen – Buchtipps:**
- **Antoine de Saint-Exupéry:** Der kleine Prinz – zu Gast von einem anderen Stern; Karl Rauch Verlag Düsseldorf
ISBN 3-7920-000-24
- **Stefan Zweig:** Sternstunden der Menschheit; S. Fischer Frankfurt
ISBN 3-596-20595-6
- **Helmut Thielicke:** Zu Gast auf einem schönen Stern; Piper Verlag München ISBN 3-492-22377-X

- **9. Vorlage für Sternenpuzzle**

Monika Gamm

Muttertagsfest

Zielgruppe: Frauen jeden Alters
Personenzahl: keine Begrenzung
Ort: innen

Wir feiern mit Frauen aus der Gemeinde am Samstag vor Muttertag ein Fest – »das Muttertagsfest«.

Die Frauen erhalten eine Herzeinladung.
Im Vorfeld muss Herzdekoration in verschiedener Form besorgt werden. Bereits zum Valentinstag gibt es reichlich Auswahl:
✗ kleine Holzherzen, Herzkerzen, Herzseifen …
✗ Man kann auch Herzen aus Tonkarton für die Raumdekoration schneiden.

Tischdekoration: Kleine Keramikherzen, rote Kerzen, Leintücher mit Herzen in rot bedruckt. Am Eingang bekommt jede Frau eine Rose (zwei verschiedene Farben).
Gefäße mit Wasser zum Ablegen der Blumen bereithalten!!

➤ **Festablauf**
Begrüßung

Lied: Schön, dass ihr gekommen seid

Jede Frau darf ihre Blume einer anderen Frau weitergeben mit einem netten Kompliment, gutem Wort oder Segen.
Aufpassen, dass einzelne Gäste nicht vergessen werden!!
Durch die zwei verschiedenen Farben der Rosen ergeben sich zwei Gruppen.

Spiel: Die Aufgaben einer Mutter
Von jeder Gruppe kommt eine Frau nach vorn. Diese zwei Frauen sehen nur zu ihrer Gruppe. Hinter ihrem Rücken zeigen wir Begriffe und Wörter durch einen Tageslichtprojektor oder beschrifteten Karton, die die Tätigkeiten einer Mutter beschreiben. Die Frauen der Gruppen zeigen pantomimisch den zwei Frauen die Tätigkeit. Wer zuerst die richtige Tätigkeit erraten hat, dessen Gruppe bekommt einen Punkt.
Beispiele:
✗ Kochen
✗ Putzen
✗ Milch holen
✗ …
Benötigte Materialien: Tageslichtprojektor oder vorbereitete Kartons

Von morgens bis abends ist die Mutter beschäftigt. Trotzdem ist sie fröhlich und singt.

Lied: Vom Aufgang der Sonne bis zu ihrem Niedergang

Spiel: Die Mutter ist Wäscherin
✗ Je eine Frau aus jeder Gruppe bekommt Zeitungen (10 Doppelblätter). An zwei Leinen, die Helfer halten, muss jede Frau so schnell wie möglich die »Wäschestücke« aufhängen.
Benötigte Materialien: Wäscheleinen, Klammern und Zeitungen

Spiel: Die Mutter ist Köchin
✗ Je eine Frau aus jeder Gruppe bekommt einen Apfel und einen Schäler. Welche Mutter macht das längste Apfelschälband?
Benötigte Materialien: 2 Äpfel, 2 Apfelschäler, Meterband

Spiel: Die Mutter ist Näherin
✗ Je eine Frau aus jeder Gruppe bekommt ein Stoffstück, Nadel, Faden und einen Knopf.
✗ Wer hat den Knopf am schnellsten angenäht? *(Ziehprobe!!)*
   Benötigte Materialien: 2 x Stoff, 2 Nadeln, 2 x Garn, 2 Knöpfe, 2 Scheren

Kaffeepause: Kaffee und Kuchen
✗ Kaffee und evtl. Tee vor dem Festbeginn kochen!
✗ Wichtig: genügend Helfer zum Bedienen und Spülen. Mütter sollen den Nachmittag genießen!

Lied: Segne Herr, was deine Hand uns aus Gnade zugewandt. Amen.

Spiel: Die Mutter muss alles können
Jede Gruppe übt pantomimisch für die andere Gruppe eine besondere Situation, z. B.:
✗ Mutter im Fitnessstudio
✗ Mutter muss Autoreifen wechseln
✗ Mutter bei Hochzeitsvorbereitungen für die Tochter
✗ Mutter bei schwierigen Rechenaufgaben mit Kind

Impuls: 1. Samuel 1-2: Hanna, die Mutter Samuels
           oder über Mutterliebe am Beispiel der Mutter von Jesus, Maria

Abschluss: Segenswort

Give away: rotes Stoffsäckchen (evtl. Herzform) mit Mon Chéri, kleine Dose Handcreme oder Ähnliches.

Margarethe Scheck

Worte, Worte, Worte

Zielgruppe: Frauen jeden Alters
Personenzahl: keine Begrenzung
Ort: innen

➤ Vorbereitung
✗ Tischgruppen stellen
✗ Bauklötze als Deko
✗ Blumen
✗ Russisch Brot (= Gebäck als Buchstaben); Worte, gelegt z. B. mit russischem Brot auf jedem Tisch (z. B. Himmel, Erde, Worte, vergehen, bleiben)
✗ Zusätzlich: Russisch Brot (pro Tischgruppe 2 Tüten)
✗ CD – ruhige Musik oder live gespielt
✗ Seifenblasen (pro Tischgruppe 1x)
✗ Jenga-Spiel (Turm mit Holzklötzen), pro Tischgruppe einen Turm bereithalten
✗ Lexika – pro Tischgruppe eine oder mehrere ältere Ausgaben
✗ Buchstaben auf Karton schreiben (A, C, E, H, R)
✗ Bild-Folie zur Jahreslosung

➤ Programmablauf
✗ Aperitif – ohne Worte
✗ Begrüßung
✗ Lied (Tanz): Lasst uns miteinander, singen, spielen, loben den Herrn.

✘ Einleitung (siehe unten)
✘ Themenblock 1
✘ Essen: Buchstabensuppe mit Gemüsebrühe, evtl. Baguette
✘ Themenblock 2
✘ Lied
✘ Andacht und Segen

➤ Elemente zur Durchführung
Einleitung:
✘ Ruhige Musik einspielen. Am Anfang schuf Gott Himmel und Erde … und alles, was wir brauchen, um Seifenblasen zu machen.
✘ (Eine Mitarbeiterin lässt Seifenblasen steigen.)
✘ Die Gäste an den Tischen werden eingeladen, auch Seifenblasen zu machen, um so den Festraum mitzugestalten.
✘ Wir schauen den Seifenblasen nach und träumen …

In die Musik hinein und während noch Seifenblasen schweben, wird folgender Text gesprochen:
»*Seifenblasen sind schön.*
Sie fliegen langsam in die Luft und ebenso langsam wieder zu Boden. Sie sind rund und glänzen je nach Licht in bunten Farben.
Aber sie sind auch sehr empfindlich. Sobald sie an einen Gegenstand stoßen, zerplatzen sie unwiederbringlich. Manche möchten wir gerne festhalten, weil sie besonders schön gelungen sind …
Seifenblasen begeistern und faszinieren uns – wir dürfen uns an ihnen erfreuen. Seifenblasen sind vergänglich.«

Von der Vergänglichkeit spricht ein Wort von Jesus:
»Himmel und Erde werden vergehen; meine Worte aber werden nicht vergehen« (Markus 13,31).

Wir wünschen uns ein verträumtes, verspieltes, ein nachdenkliches, wortreiches und Mut machendes Fest.
Ein Abend, der in Erinnerung bleibt.

→ **THEMENBLOCK 1: Himmel und Erde vergehen ...**

Quiz: *Wann vergeht ...?*
1. Bei welcher Temperatur schmilzt Eisen?
   1.000°C *1.535°C* 2.100°C
2. Bei welcher Temperatur wird Eisen gasförmig?
   1.780°C 2.350°C *2.800°C*
3. Bei welcher Temperatur schmilzt Gold?
   1.063°C 1.890°C 2.830°C
4. Wie nennt man die Zerstörung von Werkstoffen durch chemische oder elektrochemische Reaktion mit ihrer Umgebung?
   Korrosion Kollision Kompensation
5. Wie nennt man eine von enormem Knall begleitete schlagartige Verbrennung von Gemischen aus brennbaren Gasen, Dämpfen oder Stäuben mit Luft oder Sauerstoff?
   Knallreaktion Blitzbrand *Explosion*
6. Wie heißt das Fremdwort für in der Natur vorkommende, eiweißartige, spezifisch wirkende Giftstoffe?
   Toxine Antibiosubstanzen Narkotika

Als Gott die Erde erschaffen hatte, gab er uns Menschen den Auftrag sie zu bebauen und zu bewahren. Und so pflanzen wir und bauen wir ...
Schon als Kind hatten wir große Freude daran, Türme zu bauen, je höher, je besser ... und immer wieder machten wir die Erfahrung, dass sie ... einstürzten.

Spiel: *Turm bauen*
Je höher, je besser, darum geht es in unserem nächsten Spiel:
Jede Tischgruppe bekommt ein JENGA-Spiel und baut den Turm so auf dem Tisch auf, dass es für jede Frau möglich ist, gut hinzukommen.
Spielregel: Jede Frau nimmt der Reihe nach in den unteren Etagen ein Holzklötzchen heraus, dies ist jedoch nur mit einer Hand erlaubt, und setzt es wieder oben auf den Turm. Welche Gruppe schafft den höchsten Turm? Welcher stürzt schon vorzeitig ein?

Wir leben in einer vergänglichen und schnelllebigen Zeit. Dinge, die heute modern sind, sind morgen schon überholt oder veraltet.

Spiel: *Veraltete Begriffe*
Jede Gruppe bekommt ein oder mehrere Lexika (keine neuen Ausgaben!) und hat die Aufgabe, möglichst viele und interessante Fakten zu suchen, die nicht mehr aktuell sind (z. B. »die Bundesrepublik Deutschland besteht aus 11 Bundesländern« …).

Nach 5-10 Min. Such-Zeit können im Plenum interessante Entdeckungen vorgetragen werden. Vielleicht mag die eine oder andere Frau Empfindungen äußern, die sie dabei hatte.

Modenschau: … *alles ändert sich … auch die Mode …*
Früher, da war alles anders, besser, schöner …?
Zu Musik von damals wird die damalige Kleidung / Hüte präsentiert. (Eingeladen haben wir dazu die Mitarbeiterinnen aus der Jugendarbeit; und das Ganze wurde in eine Erzählung aus der »guten alten Zeit« gepackt.)

Generationen-Umfrage: *»Weißt du noch?«*
Interview unter der Stehlampe:
Idee: Interview von Schwestern / Müttern / Großmüttern / ggf. sogar Urgroßmüttern.
Fragen nach Mode, Werten, Musik, Lebensstil, Glauben, Schule, Freundschaft.

→ **THEMENBLOCK 2: Worte, die bleiben …**

Inszenierung: (Erklärung am Schluss des Textes)
Die spRACHE Gottes
Text: Eines Tages schaute Gott auf die Erde und sah, wie die Menschen sein Wort verdrehten. Und während die Sprache ihre Seele verkümmerte, erfanden sie täglich neue Begriffe für ihre Lügen, und die Sprachen ihrer Zunge waren unüberschaubar.

Da öffnete Gott die Seiten des himmlischen Buches, und es regnete **A**'s und **C**'s und **E**'s und **H**'s und **R**'s und nichts als immer wieder diese fünf Buchstaben. Die zerschlugen die Dächer der Tempel, und auf der Straße standen die Leute sprachlos und gafften.

Bis Gott sprach: »Baut etwas Neues aus meinem Wort und wohnt darin.« Da erschraken sie, denn sie waren in Luxusvillen und Bungalows groß geworden, in einer Welt aus mehr als 5 Buchstaben, und wussten mit der Beschränkung nicht umzugehen.

Und sie dachten: **ER** will uns strafen, und brachten mit Mühe ein **ACH** zusammen und fürchteten sich noch mehr, bis sie schrien vor Entsetzen, als einer rief: Wir sollen wohnen in Gottes **RACHE**.

Nur Noah nahm eine Hand voll Buchstaben und ging aus der fluchenden Menge. Wenn wir uns schaden durch unseren Reichtum, so dachte er, kann die Armut nicht unser Schaden sein. Sie verdrehen alles, ich will weitersuchen in Gottes Wort.
Und Noah fand statt der **RACHE** die **ARCHE**.

Siegfried Macht

Vorschlag zur Inszenierung:
Zunächst wird nach 5 Freiwilligen gefragt, die bereit sind »Trägerinnen« des Wortes Gottes zu sein. Das ist nicht schwierig, sie sollten einfach nur Gottes Wort tragen. Nachdem die fünf Frauen sich für alle sichtbar vorne postiert haben, beginnt die Sprecherin mit dem Vortrag des Textes (ohne Nennung der Überschrift). Der Vortrag des zweiten Absatzes wird durch das gleichzeitige Austeilen der jeweils genannten Buchstaben begleitet: jede der fünf Freiwilligen bekommt gut sichtbar auf Karton einen der Buchstaben A, C, E, H, R. Die Wortträgerinnen stehen entweder ganz ungeordnet, oder aber in der alphabetischen Buchstabenfolge nebeneinander.

Gleichzeitig zum Vortrag des vierten Absatzes gruppiert die Vortragende die Person zu den stark betonten Wörtern **ER** und **ACH** zusammen, anschließend dann zum Wort **RACHE** – sofern die Wortträgerinnen das nicht schon selbst tun.

Im fünften Absatz ist vor dem letzten Wort eine fragende Stille zu halten – vielleicht kommen die Beteiligten selbst auf die Lösung und stellen sich zur – **ARCHE**.

Spiel: Worte, Worte, Worte ... *die bleiben* – bilden
Jede Tischgruppe bekommt 2 Packungen »Russisch Brot«.
Mit diesen Buchstaben sollen die Frauen miteinander, möglichst viele Worte bilden.
Worte, die *bleiben,* z. B. SEGEN, BROT, WEIN ...
(Auf einem separaten Tisch liegen noch Buchstaben zum Tauschen und Ergänzen.)

Nach ca. 5-10 Min. wird gezählt, welche Gruppe die meisten Worte hat. Jede Gruppe liest der Reihe nach 5 ihrer besten Worte laut vor, sodass wir miteinander Anteil haben an den *Worten, die bleiben.*

→ ANDACHT
»Jesus Christus spricht: Himmel und Erde werden vergehen; meine Worte aber werden nicht vergehen« (Markus 13,31).

Was vergeht?
Was bleibt?
Wofür lohnt es sich zu leben?
Himmel und Erde zerfallen, die Welt vergeht.
Im Großen wie im Kleinen erleben wir dies täglich, wie manches »Gebäude«, manches von uns Konstruierte in sich zusammenbricht.
Alles, was wir aufgebaut und gepflanzt haben, ist der Vergänglichkeit hingegeben.

Ist das einzig Beständige wirklich der Wandel?
Gibt es Hoffnung, Zeichen der Hoffnung?
Mir fällt die Geschichte von Noah ein: Die Taube kommt zurück mit einem Ölzweig im Schnabel, dies ist ein sichtbares *Wort* der Hoffnung.
Worte der Hoffnung – Worte von Gott; Worte, die in Ewigkeit bleiben.
Diese Worte, die wir in der Bibel nachlesen können oder die uns von Menschen zugesprochen werden, kommen durch den Heiligen Geist, mit dem Symbol der Taube von außen in unser Leben, in unsere Situation hinein.
Wir brauchen Gottes Geist, um diese Worte zu verstehen.

Im Johannes-Evangelium wird klargelegt; wo das Wort am Anfang war und wer das Wort war: In Kapitel 1 heißt es, dass das Wort bei Gott war und Gott das Wort selbst war. Das ewige Wort Gottes ist durch drei Dinge gekennzeichnet:

1. *Es ist schöpferisches Wort:* Gleich auf den ersten Seiten der Bibel (1. Mose 1) lesen wir, dass Gott sprach »es werde Licht und es ward ... es werde eine Feste zwischen den Wassern ... und es ward«. In den Psalmen steht (33,9): »Denn wenn er spricht, so geschieht's; wenn er gebietet, so steht's da.« Dieses Wort spricht von Gottes Allmacht – Wort der Schöpfung.
2. *Das Wort wird Fleisch:* Das Wort wurde Mensch – dieses Wort heißt *Jesus.* Er ist geworden wie wir, ein Mensch aus Fleisch und Blut. Johannes 1,14: »Das Wort ward Fleisch und wohnte unter uns ...« An Weihnachten feiern wir diese Menschwerdung des Wortes, diese Menschwerdung Gottes, das Kind in der Krippe! Jesus – ganz Mensch und gleichzeitig auch ganz Gott.
3. *Das Wort wirkt in unsere Zeit hinein:* Es wirkt in unser persönliches Leben hinein. Das Wort ruft Menschen zur Nachfolge, so wie damals Jesus Petrus und die anderen Jünger gerufen hat, so gilt das Wort heute uns und lädt uns ein, unser Leben mit ihm zu leben und zu gestalten. »Komm und folge mir nach!« Mit diesem Wort ist auch ein Auftrag verbunden: »Gehet hin und machet zu Jüngern! Sagt weiter, was ihr gehört und gesehen habt«. Es geht um Schöpfungsworte, lebensspendende Worte. Es geht um das Wort, das Fleisch wurde in Jesus. Es geht um das Wort, das in unsere Zeit hineinwirkt und uns beauftragt. Das bleibt! Es sind Gottes Lebensworte, wie sie in der Bibel stehen – sie bleiben! Und der Auftrag Gottes an uns bleibt auch, zumindest solange wir leben. Er heißt: »Predige!« (Jesaja 40,6ff.) Wir predigen mit Worten und Taten, dürfen aber nicht übersehen, dass unser Leben / unser Lebensstil auch predigt, vielleicht ohne dass wir dies wollen und merken. Hans-Martin Stäbler (CVJM Generalsekretär Bayern): »Wir Christen dürfen uns nicht verstecken und schweigsam zurück ziehen, sondern sind gefordert, immer neu Gottes Sprachrohr zu sein.« So haben wir mitten in der Zeit, mitten in der Vergänglichkeit, auch unserer eigenen Vergänglichkeit, Anteil am ewigen, unvergänglichen, bleibenden Wort und sind Teilhaber / Erben der Ewigkeit. Amen.

Hinweis: mit Hilfe einer Konkordanz finden sich viele Bibelstellen mit »Wort«; die als Ergänzung und Vertiefung eingebracht werden können:

- Psalm 17,4: durch das Wort deiner Lippen;
- Psalm 119,43: nimm ja nicht von meinem Munde das Wort der Wahrheit;
- Psalm 119,103: dein Wort ist meinem Munde süßer als Honig;
- Psalm 119,104: dein Wort macht mich klug;
- Psalm 119,105: dein Wort ist meines Fußes Leuchte;
- Psalm 119,162: ich freue mich über dein Wort;
- Psalm 119,172: meine Zunge soll singen von deinem Wort;
- Lukas 9,44: lasst diese Worte in eure Ohren dringen;
- Johannes 6,68: du hast Worte des ewigen Lebens;
- 1. Thessalonicher 4,18: tröstet euch mit diesen Worten.

- *Lied*
- *Abschluss*
  Segen:
  Gott segne, was du denkst.
  Gott segne, was du sagst.
  Gott segne, was du tust. Amen.

➤ Bausteine zur Durchführung
Lieder:

Worte, die mein Herz berührn
Text / Musik: Wilfried Röhrig
(aus: Suchen. Und finden. Felsenfest Musikverlag) auch auf CD erhältlich.

Kanon: Himmel und Erde müssen vergeh'n. Aber die Musica bleibet besteh'n.

EG 449,8: Alles vergehet, Gott aber stehet ohn' alles Wanken, seine Gedanken, sein Wort und Wille hat ewigen Grund
EG 576: Meine Hoffnung und meine Freude

Gedichte:

Ihr Gott sei von gestern
Ihr Gott sei
von gestern
sagen sie.
Wie Schnee
von gestern zerronnen.

Mein Gott ist
ein Gott
für heute
täglich
wie Brot
für morgen
notwendig
wie Hoffnung.

Der Gott
von gestern
ist für mich derselbe
für heute und morgen

Wohin käme ich sonst.
Hedwig Beckmann

Vollendung
Die Leben der Menschen sind wie Romane,
dick oder dünn, und voller Spannung.
Gott liest sie alle.
Er lacht dabei und muss auch oft weinen,
denn sie sind alle in seinem Auftrag geschrieben.
Keiner dieser Menschenromane enthält
eine abgeschlossene Geschichte.
Denn Gott braucht noch Zeit für den Schluss;
er will jede Lebensgeschichte vollenden zu seiner Zeit.
Peter Stolt

Das Wort, das dir hilft

»Das Land in deinem Herzen
kannst du nicht selbst bestellen.
Den Weg zu dir selbst
kannst du nicht selber finden.
Das Wort, das dir hilft,
kannst du nicht selber sagen.«
Afrikanisches Sprichwort

Roswitha Eberbach

Musikkongress
Bewegter Sing- und Spielabend

Zielgruppe: Frauen jeden Alters

Personenzahl: Der Musikkongress kann mit einer Teilnehmerzahl von 8-80 Personen durchgeführt werden. Das Minimum sind 2 Gruppen á 4 Personen, das Maximum 8 Gruppen á 10 Personen. Ideal sind 5 Gruppen mit ca. 6 Personen.

Ort: innen. Der Raum muss der Teilnehmerinnenzahl entsprechen und genügend Freifläche für die Spiele und Auftritte haben. Außerdem müssen im Haus genügend Nebenräume für die Einzelprobe (6. Programmpunkt) vorhanden sein. Jede Gruppe benötigt einen Tisch (Aufstellung mit Abstand an den Wänden entlang). Zu Beginn nehmen alle im großen Stuhlkreis Platz.

➤ Vorbereitungen

✗ Bunte Krepppapierstreifen ca. 6 cm breit. Pro Gruppe eine Farbe. Die zusammengerollten Kreppstreifen werden vor Beginn mit Tesakrepp unter die Stuhlfläche geklebt. Die Mitglieder der Gruppen finden sich durch die gleichen Farben.

✗ Pro Gruppe ein großes weißes Papier (mindestens 1 m² Malfläche; evtl. Rückseite von zwei zusammengeklebten Plakaten)

✗ Pro Gruppe bunte Wachs- oder Filzstifte
✗ Tesaband zum Aufhängen der Werbeplakate im Raum
✗ Zeitungen für Solistenauftritt
✗ Kassettenrekorder oder CD-Player für die Tanzmusik
✗ Preise und Urkunden für die Siegerehrung

➤ Programmablauf

• **1. Begrüßung**

»Verehrte Anwesende, Sie haben heute die einmalige Gelegenheit, an einem Musikkongress der weltbesten Chöre teilzunehmen. Das Motto dieses Kongresses lautet:

›Singen, singen, tut man viel zu wenig.‹ Bevor wir uns aber mit diesem – natürlich vertonten – Motto unseres Festes näher befassen, betrachten wir uns zuerst die Anwesenden etwas näher.«

• **2. Lied mit Bewegungen**

Melodie: »Bruder Jakob« (Kanon)

Bewegung

Bist du auch da?	Rechte Hand »suchend« an die Stirn legen.
Bist du auch da?	Linke Hand »suchend« an die Stirn legen.
Ich bin da! Ich bin da!	Mit dem rechten Zeigefinger auf die Brust zeigen.
Und dann seh ich den da!	Mit dem rechten Zeigefinger auf eine/n Anwesende/n deuten.
Und dann seh ich die da!	Mit dem linken Zeigefinger auf eine/n Anwesende/n deuten.

Jetzt geht's los! Jetzt geht's los!
Bei »los« in beide Hände klatschen.

• **3. Motto – Lied lernen**

Singen, singen, tut man viel zu wenig.
Singen, singen, kann man nie genug.
Frisch gesungen, froh gelaunt,
und so meistert man das Leben,
dass man selber staunt!

(Dieses Lied passt optimal zum Thema. Möglich sind aber auch andere entsprechende Lieder. Z. B. »Froh zu sein bedarf es wenig« oder »Seid froh in dem Herren allezeit« …)

- **4. Gruppeneinteilung**

Da wir uns auf einem Chor-Treffen befinden, sind natürlich keine Einzelpersonen zugelassen. Es dürfen nur Chöre und Orchestergruppen teilnehmen und mitwirken. Deshalb bilden wir nun … Chorgruppen (Gruppengröße und Zahl der Teilnehmerzahl entsprechend). Das Kennzeichen Ihrer Gruppe (Krepppapierstreifen) finden Sie unter Ihrer Stuhlfläche! Die Gruppen setzen sich nun so um jeweils einen Tisch, dass alle den Blick zur »Bühne« (Freifläche für Auftritte) haben.

- **5. Namen und Abzeichen**

Damit die Chöre beim Kongress auftreten können, suchen sie sich nun einen Namen und überlegen, wie sie den Krepppapierstreifen für ihr Kostüm verwenden. Z. B. als Krawatte, Stirnband, Gürtel, Arm- oder Haarband.

- **6. Gruppenlied**

Natürlich müssen die Chöre für ihren großen Auftritt beim Kongress üben! Jeder Chor übt eine kleine, lustige Liedstrophe ein, die er dann mit »Instrumenten« begleitet (entweder körpereigene Instrumente wie Fingerschnalzen, Schenkelklatschen, Stampfen u. ä. oder Orff-Instrumente). Die Gruppen bekommen eine Probezeit von 15 Minuten in verschiedenen Räumen.

- **7. Aufstellung**

Für einen Weltklasse-Chor ist es wichtig, dass er sich auf einer Bühne schnell in der richtigen Reihenfolge aufstellen kann. Deshalb machen wir nun eine Tournee mit vielen Übungsauftritten. Da jede Bühne anders ist, müssen sich die Chöre auch immer wieder anders aufstellen.

Aufstellung der Chöre nach:

✗ der Körpergröße,
✗ dem ABC der Vornamen,

✗ den Geburtstagen (Monat),
✗ der Haarlänge,
✗ der Zahl der Buchstaben in Vor- und Nachnamen.
(Bei erfolgter Aufstellung »fertig« rufen!)

- **8. Werbeplakat**
Die einzelnen Chöre der Kongressteilnehmer wollen keine Werbegelegenheit ungenutzt lassen. Darum gestalten sie für den Kongress ein großes Werbeposter. An der Herstellung des Riesenplakates beteiligen sich alle Chormitglieder mit ihrem Farbstift (Filz- oder Wachsfarben). Jede/r beginnt, die Fläche vor sich zu bemalen.
Wenn die Spielleitung ein verabredetes Zeichen gibt, wechseln die Einzelnen ihren Platz im Uhrzeigersinn und malen am nächsten Platz bis zum neuen Wechselsignal weiter. Es wird so lange gemalt und gewechselt, bis das Plakat »fertig« ist.

- **9. Raumdekoration**
Die fertigen Werbeplakate werden nun als Dekoration im Raum aufgehängt und der Musikkongress kann beginnen!

- **10. Vorbereitung der Auftritte**
Wir sitzen wieder gemeinsam im Stuhlkreis und singen noch einmal das Motto des Kongresses!

- **11. Spiel »Dirigentenraten«**
Wenn so viele Chöre gemeinsam singen und musizieren, kann man den Dirigenten und seine Einsätze nur schwer erkennen.
Wir üben mit dem Spiel »Dirigentenraten«.
Spielbeschreibung:
Ein Teilnehmer verlässt den Raum, die übrigen bestimmen den »Dirigenten«. Dieser gibt an, welches »Instrument« pantomimisch gespielt wird und wechselt nach Belieben. Er nutzt die Momente zum Wechsel, wenn der Suchende wegsieht. Der hereingerufene Dirigentensucher versucht, den »Dirigenten« im Orchester zu finden. Das Spiel macht mehr Spaß, wenn nicht alle Mitspieler direkt zum Dirigenten hinsehen.

- **12. Tanz**

    Ein gemeinsamer Tanz fördert die Entspannung und nimmt das Lampenfieber vor dem großen Auftritt. Wir tanzen die *Raspa Mexikana* oder einen ähnlichen leichten, fröhlichen Tanz.
    Musik und Tanzbeschreibung s. Anhang!

- **13. Solisten**

    Jeder Chor hat natürlich seine Solisten, die wir nun kennen lernen wollen. Aus jedem Chor singt ein Teilnehmer einen kurzen Text aus der Zeitung nach einer bekannten Melodie. z. B. Alle meine Entchen, Hänschen klein …

- **14. Großer Auftritt**

    Der lange ersehnte Moment ist gekommen:
    Die einzelnen Chöre stellen sich mit ihren einstudierten Liedern vor.

- **15. Ehrung der einzelnen Chöre**

    Alle Teilnehmer/innen erhalten feierlich einen Preis und / oder eine Urkunde überreicht.

- **16. Abschluss des Kongresses**

Andacht zum Thema Singen oder Freude.
Textanregungen:
✗ Ignatius von Antiochien: »Nehmt Gottes Melodie in euch auf!«
✗ »Gemeinsam« von Isolde Lachmann
✗ Psalmen (z. B. Psalm 63, 67, 92, 96, 98, 100)

Danach nochmaliges Singen des Mottos oder eines Abendliedes.
Evtl. eine Polonaise oder ein meditativer Tanz.

- **17. Nachfeier**

Ein gemütliches Zusammensein mit Getränken und Imbiss bietet sich an.
Zwischendurch können Wunschlieder gesungen werden.

➤ Anhang
Zu 12. »Tanz Raspa Mexikana«
Musik:
Schallplatte Fidula Fon 1195 »Buenos Dias« oder aus Fidula-CD 7743 »Tanzen im Sitzen«. Fidula Verlag Boppard / Rhein

Tanzbeschreibung
Teil A: »Raspa-Schritt« (insgesamt 8-mal):
- Die Tänzer/innen stehen sich gegenüber und fassen sich an den Händen.
- 3-mal Spreizsprung im Wechsel (rechter Fuß vorwärts, linker Fuß rückwärts beginnend). Gewicht auf beiden Füßen oder das vorwärts gestreckte Bein in Schwebehaltung.
- Arme ebenfalls im Wechsel vorwärts strecken, rechts beginnen.

Teil B: Seitgalopp, Gleitschritt oder Swingschritt, dabei mit beiden Händen winken.
Aufstellung: Entweder im Kreis oder im Raum verteilt mit wechselnden Partnern.

Zu 16. Andacht

Gemeinsam

Allein
bin ich ein
vereinsamter Ton,
aber gemeinsam
werden wir Melodie,
und mit Gott verwandeln
wir uns in Musik,
in raumtief sternstrahlende Musik.

Die Fantasie Gottes
ist voll schwebender Klänge,
Tönen aus mir und dir,
die er einfügt in das
lebendige Werk seiner Schöpfung.

Allein
gehe ich verloren,
gemeinsam verfehlen wir den Sinn,
mit Gott verbinden wir uns zu
erlöster, sinnerfüllter Einheit.

Isolde Lachmann

Elisabeth Schunter

Musik liegt in der Luft

Zielgruppe: Frauen jeden Alters
Personenzahl: keine Begrenzung
Ort: innen

➤ **Vorbemerkung**

Dieses Fest kann gut der Jahreszeit bzw. dem Kirchenjahr angepasst werden, indem Lieder und Musik entsprechend gewählt werden:

✗ für die Adventszeit: »Macht hoch die Tür« mit Entstehungsgeschichte oder »Tochter Zion« oder »Freue dich, Welt« mit kurzem Lebensbild von Georg Friedrich Händel;

✗ für festlose Zeit: »Befiehl du deine Wege« mit kurzem Lebensbild von Paul Gerhardt;

✗ für die Sommerzeit: »Geh aus mein Herz« mit kurzem Lebensbild von Paul Gerhardt.

Selbstverständlich kann jedes andere Lied als Grundlage verwendet werden, sodass auch neue Lieder eingeübt werden können.

Die hier angeführten Programmpunkte sind als Auswahl gedacht, sodass das Festprogramm der Gruppe je nach Teilnehmerzahl und Alter angepasst werden kann. Kleine Kreise können bei den Ratespielen auch nur in zwei Gruppen aufgeteilt werden. Nach oben sind der Teilnehmerzahl keine Grenzen gesetzt.

- **Tisch- und Raumschmuck**

Für jede Teilnehmerin kleine Noten ausschneiden *(Anhang 1)*. Auf die Rückseite einen Zahnstocher kleben und Note in kleine Schokolade stecken, an jeden Platz stellen. In verschiedenen Farben ebenso viele Ellipsen ausschneiden, mit einem Zitat über die Musik beschriften *(Anhang 2)*. (Selbstverständlich können hierfür auch Liedverse verwendet werden.) Die Ellipse unregelmäßig auseinander schneiden. Einen Teil auf die Note kleben. Den anderen Teil als Eintrittskarte ausgeben, mit der die Teilnehmerinnen ihren Platz suchen müssen.

Wer es einfacher haben möchte, kann z.B. das Festlied in verschiedenen Farben kopieren, auf die Plätze auslegen und jeweils ein unterschiedliches Stück abschneiden, das dann als Eintrittskarte dient.

Für den Raum große Noten ausschneiden, an die Wand kleben, auf Tische stellen oder als Bodenbild drapieren.

- **Imbiss**

Getränke sowie – nach Möglichkeit – ein großer, zu einem Notenschlüssel gelegter Hefezopf.

➤ Programmablauf

(Je nach Möglichkeit Musik- und Liedvorträge aus der Gruppe und weitere gemeinsame Lieder einbauen!)
Hintergrundmusik einspielen, während die Frauen ihre Plätze suchen.

1. Begrüßung
2. Kanon, z.B. »Froh zu sein bedarf es wenig ...« oder »Wo man singt, da lass dich ruhig nieder«
3. Zitat vorlesen lassen, das auf der Note steht.
4. Kanon, z.B. »Lasst uns miteinander«
5. Lesestück: »Was Musik alles kann« *(Anhang 3)*
6. Musikerquiz: Wer bin ich? *(Anhang 4)*
7. Biblisches Musikquiz *(Anhang 5)*
8. Kanon: »Himmel und Erde müssen vergehn, aber die Musika, aber die Musika, aber die Musika bleibet bestehn«
9. Lied (evtl. von einigen Frauen vorgetragen): Singen ist gesund »Einatmen, ausatmen« *(Anhang 6)*

10. Lesestück: »Rationalisierung in der Musik« *(Anhang 7)*
11. Orchester-Auftritt (gemimt nach Kassette): Einige Frauen treten mit ihrer Dirigentin auf. Sie haben keine Instrumente, mimen aber jeweils ein entsprechendes Instrument. Die Dirigentin leitet »das Orchester« nach der eingespielten Musik.
12. Memory mit Musikmotiven *(Anhang 8)*, Vorlage zweimal kopieren, Kärtchen schneiden, verdeckt auslegen oder in vorbereitete Memorytaschen stecken und jeweils zwei Kärtchen aufdecken lassen, haben sie das gleiche Motiv, hat die Gruppe einen Punkt gewonnen.
13. Pause mit Imbiss: Vor der Pause *Aufgabenzettel für Sketche* verteilen, damit die Frauen sich während der Pause Gedanken machen können. Jede Gruppe bekommt dieselben Begriffe, die sie ihrer Aufführung zu Grunde legen soll, z.B. geölte Stimmen, verstimmte Geigen, leere Kassen, donnernder Applaus, Pforzheim (bzw. Wohnort der Gruppe). Eine Gruppe soll sich dazu ein Lustspiel überlegen, die nächste ein Drama, eine Wahlrede oder einen Liebesbrief.
14. Kanon: »Viva, viva la Musica«
15. Lustspiel vorspielen
16. Liebesbrief vorlesen
17. Drama vorspielen
18. Wahlrede halten
19. Liedertext-Potpourri singen bzw. vorsingen lassen *(Anhang 9)*
    Frage: Wie viele Lieder sind versteckt? (45)
20. Musikstück (evtl. einspielen), um zur Ruhe zu kommen
21. Andacht *(Anhang 10 und 11)*

Anhang

1. Vorlage für Einladung

Für jede Frau solch einen ovalen Kreis, der mit einem Zitat oder Teil eines Liedverses beschriftet ist, aus Karton ausschneiden (verschiedene Farben), unregelmäßig auseinander schneiden.

Einen Teil in eine aus schwarzem Karton ausgeschnittene Note kleben, den anderen Teil als Eintrittskarte ausgeben.

»Musik ist die Kurzschrift des Gefühls«
Leo Tolstoi

auf Note Zahnstocher kleben und in Rittersport stecken.

2. Zitate zum Thema Musik

✗ Die Musik drückt das aus, was nicht gesagt werden kann und worüber es unmöglich ist zu schweigen. – Victor Hugo
✗ Der Mensch kann ohne Gesang ebenso wenig auskommen wie ohne Brot.
– Romain Rolland
✗ Eine der schönsten und herrlichsten Gaben Gottes ist die Musik. Mit ihr kann man böse Gedanken und Anfechtungen vertreiben. – Martin Luther
✗ Musik ist die Kurzschrift des Gefühls. – Leo Tolstoi
✗ Pflege der Musik, das ist die Ausbildung der inneren Harmonie.
– Konfuzius
✗ Wer Musik liebt, kann nie ganz unglücklich werden. – Franz Schubert

3. Was Musik alles kann

Mir geht der Ohrwurm nicht mehr aus dem Kopf: »Schwoppi nur noch diesen Pudding!« Natürlich sind Firmenname und Warenbezeichnung geändert. Sie wissen ja, wegen Wettbewerbsverzerrung auf dem Lebensmittelmarkt und so! Aber komisch ist das schon. Ich brauche einige Zeit, bis ich feststelle, dass das, was mir da ständig durch den Kopf klingt, aus der Werbesendung von gestern Abend stammt. Raffiniert gemacht, denke ich. Da wird einem also kurz vor den Nachrichten noch schnell ein Werbespot ins Gehirn gedrückt, der sich dort plötzlich, durch was auch immer, auslöst und in echohafter Weise seine Botschaft herunterleiert. Hätte das ein exzellenter Sprecher vorgetragen, ich hätte vergessen, was er mir sagen wollte.

Aber nein, was ich da zu hören bekam, war Musik, wie gesagt, »ohrwurmmäßige« Musik. Und zu dieser Musik wurde gesungen, kurz und markant, unauslöschbar. Und ob ich es will oder nicht, ständig klingt bei mir »Schwoppi … « durch den Kopf. Und ich weiß, beim nächsten Einkauf muss ich elend aufpassen, dass ich nicht automatisch ein Produkt der Firma »Schwoppi« in meinen Einkaufskorb packe!

Szenenwechsel. »Musik« ist das Stichwort. Warum ich plötzlich an jemand denken muss. Es ist eine Frau, die ins Krankenhaus kam. Ich kenne sie nicht persönlich. Eine dringende und schwere Operation stand ihr bevor. Als sie so dalag und auf ihre Operation wartete, ging ihr auch eine Melodie durch den Kopf, ein christliches Kinderlied. Sie hatte es auf einem Kinderfest kennen gelernt. Es muss wohl auch so eine Art

»Ohrwurm« gewesen sein. Nur eben nicht als Werbespot für Genussmittel. Es war ein Werbelied für Jesus. Ein Lied, das sich von seiner Melodie her leicht herunterträllern lässt, aber auch vom Text her? Nun, wenn man nicht weiß, ob man nach der Narkose wieder im Diesseits aufwacht, dann surrt einem wohl kaum mehr »Schwoppi« durch den Kopf! Und so war es bei dieser Frau. Bevor es Nacht wurde, klang nur noch diese christliche Kindermelodie in ihrem Sinn. Sie konnte nichts anderes mehr denken. Dann war die Nacht der Narkose vorbei. Sie hatte die Operation überlebt. Und seltsam: mit dem Auftauchen ins Bewusstsein kam auch das Kinderlied wieder zum Klingen und löste jetzt in ihr eine ganz große Dankbarkeit aus. Dank an Gott fürs neu geschenkte Leben. Und aus dem Dank wurde Freude, Freude über Gott und Jesus und dass er tatsächlich da ist, dass er in den dunkelsten Stunden nicht loslässt, sondern hält, den »durchhält«, der nach ihm schreit.

Schon faszinierend, was Musik so alles auslöst. Ach ja. Entschuldigung, Sie wissen noch gar nicht, wie der Text des Kinderliedes heißt. Wenn es Sie interessiert, bitte:

»Hab keine Angst, fürchte dich nicht! Halt dich an das, was Jesus Christus dir verspricht. Er hat dich lieb, hat für dich Zeit, wie sonst kein andrer weit und breit.

Und wird es dunkel, kommt die Nacht? Kriecht dir die Angst den Rücken hoch? Da ist doch Jesus, er beschützt mit seinen Engeln heute noch.« (Thomas Eger)

4. Musikerquiz – Wer bin ich?

Frederic Chopin

geb. nach der Taufurkunde am 22.02.1810, nach seinen eigenen Angaben am 01.03.1810 in Zelazowa Wola bei Warschau; gest. am 17.10.1849 in Paris;

Polnischer Komponist und Pianist, sein Vater war ein eingewanderter Franzose (Nicolas 1771-1844), Mutter: Tekla Justiina Krzyzonowska (1782-1861);

er spielte mit 8 Jahren öffentlich; 1827 Pianist in Warschau; 1829 gab er zwei Konzerte im Opernhaus in Wien; 1830 Übersiedelung nach Paris; ein Brustleiden brachte ihn 1838 zur Kur nach Mallorca; er war Gründer eines neuen Klavierstils; Werke: ausschließlich Klaviermusik oder Werke mit Klavier.

Georg Philipp Telemann
geb. 14.03.1681 in Magdeburg; gest. 25.06.1767 in Hamburg; dt. Komponist; erhielt anfangs eine musikalische Ausbildung vom Magdeburger Kantor Benediktus Christiani. Im Wesentlichen blieb er Autodidakt. 1701 ging er an die Uni Leipzig zum Jurastudium. Unterwegs traf er in Halle mit Händel zusammen. 1704 wurde er Organist und Musikdirektor an der Neuen Kirche (Leipzig). Mit seinen Kompositionen hatte er sich auch an der Leipziger Oper einen Namen gemacht. Er erhielt die Stelle als Kapellmeister am Hof des Grafen Promnitz in Sorau. 1708 folgte er einem Ruf als Kapellmeister an den Hof von Herzog Wilhelm von Sachsen Eisenach. Dort befreundete er sich mit Johann Sebastian Bach. Obwohl er etwas älter war als Bach, verließ er den barocken Musikstil und wurde so einer der Wegbereiter der Klassik. Er war einer der gefeiertsten Komponisten des 18. Jahrhunderts; Kompositionen: U. a. Opern, Kammermusik, Oratorien, Kantaten.

Hugo Distler
Geb. 24.06.1908 in Nürnberg; gest. 1.11.1942 in Berlin; studierte von 1927-1931 in Leipzig Orgel und Komposition. Er war 6 Jahre Organist in Lübeck, von 1937-1940 Leiter des Hochschulchors sowie Kompositions- und Orgellehrer an der Stuttgarter Musikhochschule. Danach war er in Berlin. In den Kreisen der protestantischen Kirchenmusik hat er große Anerkennung. Die offiziellen Führer des deutschen Musiklebens verschmähten ihn sehr und führten sein Cembalokonzert auf einer Wanderausstellung als Musterbeispiel »entarteter Kunst« vor. Er betrachtete seine Situation als so ausweglos, dass er in den Freitod ging.
Werke: Konzertante Sonate; Motette: »Herzlich lieb hab ich dich, o Herr«; 6-stimmige Deutsche Choralmesse; »Der Jahreskreis«, Choral-Passion für 5-stimmigen Chor und 2 Vorsänger.

Johann Sebastian Bach
geb. 21.03.1685 in Eisenach; gest. 28.07.1750 in Leipzig; Vater: Joh. Ambrosius (1645-1694); Mutter: Elisabeth, geb. Lämmerhirt (1644-

1694). Erste Anstellung 1703 in der Privatkapelle des Herzogs Johann Ernst von Weimar, dann Organist an der Neuen Kirche in Arnstadt, Fußreise nach Lübeck zu D. Buxtehude. 1707 Organist an St. Blasien in Mühlhausen/Thüringen; heiratet seine Cousine 2. Grades; Hoforganist und Kammermusiker in Weimar; Hofkapellmeister in Köthen; 2. Eheschließung nach dem Tod der ersten Frau; Thomaskantor in Leipzig; Titel: Königlich polnischer und kursächsischer Hofkompositeur, Kapellmeister und Direktor Chori Musici Lipsienis.

Manfred Siebald
geb. 1948 in Baumbach bei Rotenburg/Fulda; seit 1983 Dozent für Amerikanistik an der Uni; Professor, Mainz, seine zahlreichen geistlichen Lieder sind durch Konzerttourneen, Gedichtbände und Schallplatten des Autors bekannt geworden.

Philipp Friedrich Hiller
geb. 1699 in Mühlhausen/Enz; gest. 1769 in Steinheim/Albuch; Schüler von Bengel in Denkendorf, Pfarrer in mehreren württembergischen Gemeinden, zuletzt seit 1748 in Steinheim bei Heidenheim; nach dem Verlust seiner Stimme verstärkt literarisch tätig mit seinen Bibelauslegungen und den beiden »Geistlichen Liederkästlein«.

Rolf Schweizer
geb. 1936 in Emmendingen (Baden); Kantor in Mannheim, 1966 Bezirkskantor in Pforzheim und seit 1975 Landeskantor für den Bezirk Mittelbaden, Professor; weit verbreitet sind seine Bläser- und Chorsätze; lebt im Ruhestand in Emmendingen.

Wolfgang Amadeus Mozart
geb. 27.01.1756 in Salzburg; gest. 5.12.1791 in Wien; Komponist wie sein Vater. Das Notenbuch, das der Vater für die ältere Schwester angelegt hatte, war eine wichtige Quelle für ihn. 1762 unternahm der Vater mit seinen beiden Kindern die erste Konzertreise – zuerst nach München, dann nach Wien. Ein Jahr später führte die Reise in den Westen bis nach Paris. Von Paris ging die Reise weiter bis London. Dort traf er mit Johann Christian Bach zusammen, dem jüngsten Sohn von Johann

Sebastian. Dieser wurde für seinen Musikstil wichtig. In Salzburg wurde er 1769 Konzertmeister. 1769 reiste der Vater mit ihm nach Italien. In Rom erhielt er vom Papst den Orden vom goldenen Sporn, deshalb nannte er sich gern »Cavaliere Mozart«. 1777 reiste er in Begleitung seiner Mutter. Sie führte ihn über Augsburg nach Mannheim. Eine unglückliche Liebe verzögerte zunächst die Weiterreise. 1778 reiste er weiter nach Paris. Krankheit und Tod der Mutter in Paris trafen ihn schwer. Im September 1778 verließ er Paris und zog in die Heimat zurück. Sein eigentlicher Taufname: Johannes Chrysostomus Wolfgangus Theophilus (lat. Amadeus).

5. Biblisches Musikerquiz

1. Welches Musikinstrument spielte Mirjam?
   (Die Pauke, eine Handtrommel, ähnlich wie das Tamburin)

2. Von wem kamen alle Zither- und Flötenspieler her?
   (von Jubal; 1. Mose 4,21)

3. Welches kleine Musikinstrument war am Saum der Priestergewänder angenäht?
   (Schellen; 2. Mose 39,25)

4. Welche Männer sangen nach dem Abendessen ein Loblied?
   (Jesus und seine Jünger; Markus 14,26)

5. Was steht in Psalm 137 über den Umgang der Israeliten mit ihren Harfen?
   (Sie hängten ihre Harfen an die Weiden; Psalm 137,2)

6. Wer sagte: »Wir haben euch aufgespielt und ihr habt nicht getanzt?«
   (Jesus; Lukas 7,32)

7. Was gab Gideon jedem Krieger in die Hand, der mit ihm gegen die Midianiter kämpfen sollte?
   (eine Posaune und einen leeren Krug mit einer Fackel darin; Richter 7,16)

8. Welches Musikinstrument wird am letzten Tag ertönen?
   (Posaune; 1. Korinther 15,52)

9. Welcher alttestamentliche Prophet bezeichnet im Namen Gottes das Singen als »Geplärr« und will das Harfenspiel nicht hören?
   (Amos; Amos 5,23)

10. Was ermuntert David in Psalm 57 außer seiner Seele zum Aufwachen?
    (Psalter und Harfe; Psalm 57,9)

6. »Singen ist gesund!«
Melodie: »Als wir jüngst in Regensburg waren«

Refrain (alle):
Einatmen! Ausatmen! Einatmen! Ausatmen! Noch einmal, so ist's recht. Wer nicht atmet, der singt schlecht!

1. Liebe Leute, lasst euch sagen, für die Lunge, Herz und Magen ist, die Wahrheit werd' euch kund, vieles Singen sehr gesund.
   Einatmen ...

2. Jedermann hat Lungenspitzen. Jeder weiß doch, wo sie sitzen. Nur die tiefe Atemkunst hält sie rein von Krankheitsdunst.
   Einatmen ...

3. Willst du denn, mein lieber Junge, halten stets gesund die Lunge, sing im Chor, sing auch allein, doch erst atmen, dann geht's fein!
   Einatmen ...

4. Auch die Brust, die wölbt sich weiter und der ganze Kerl wird breiter. Und was du auch wissen musst: Du vertreibst die Hühnerbrust!
   Einatmen ...

5. Auch die Haltung wird ohn' Frage besser, grade alle Tage.
   Alle Knochen strecken sich und die Glieder recken sich.
   Einatmen ...

6. Singen fördert die Verdauung und verhindert jede Stauung,
   Appetit wird angeregt, Magendrücken weggefegt.
   Einatmen ...

7. Auch das Herz schlägt jugendlicher   und der Herzschlag ticktackt sicher. Sauerstoff belebt das Blut. Dazu ist das Atmen gut.
   Einatmen ...

8. Eines kann ich fest versprechen, und ich werd' mein Wort nicht brechen: Wer lang atmet und lang singt, es zu hohen Jahren bringt.
   Einatmen ...

7. Rationalisierung in der Musik

Eine Gruppe von Spezialisten der Betriebsrationalisierung reichte der Direktion des Opernhauses nach dem Anhören eines Symphoniekonzerts den folgenden Rapport ein:

Während beträchtlicher Zeiten hatten die vier Oboisten nichts zu tun. Deren Anzahl ist daher zu reduzieren, und überdies sollte die Arbeit gleichmäßiger über das ganze Stück verteilt werden, um Betriebsspitzen zu vermeiden.

Sämtliche 12 ersten Violinen produzieren identische Töne. Diese Betriebsgruppe sollte drastisch gekürzt werden. Sofern eine intensive Lautstärke angestrebt wird, kann dies durch den Einsatz elektronischer Verstärker mit geringerem Kostenaufwand und weniger Verschleiß an Menschen und Material erzielt werden.

Es wäre anzustreben, dass alle Noten auf den nächsten Ganzton auf- oder abgerundet würden, um den erfolgreichen Einsatz von angelernten Kräften oder Hilfsarbeitern auf breiter Basis zu ermöglichen. Kein nützlicher Zweck wird verfolgt, wenn die Hörner eine Passage repetieren, die zuvor bereits durch die Streicher erledigt wurde. Aufgrund eingehender Schätzungen kann angenommen werden, dass ein zweistündiges Konzert durch Vermeidung solcher unproduktiver Wiederholungen auf 20 Minuten Laufzeit reduziert werden könnte, was auch die Notwendigkeit einer Pause eliminieren würde. Sofern die konsequente Durchführung dieser Vorschläge einen Einnahmerückgang an der Billettkasse bewirken würde, könnte ohne nachteilige Folgen ein Teil des Konzertsaales geschlossen werden, was wiederum in entsprechenden Einsparungen an Verwaltungsspesen, Beleuchtungskosten, Personalaufwand usw. resultieren würde.

8. Memory

9. Liedertext-Potpourri
- ***Wie viele Lieder werden angesungen?***
  (Melodie abwechselnd »Nun ade, du mein lieb Heimatland«
  und »Alle Vögel sind schon da«)

1. Nun ade, du mein lieb Heimatland, zu Straßburg auf der Schanz;
   wo meiner Kindheit Wiege stand, heil dir im Siegerkranz.
   Es braust ein Ruf wie Donnerhall, wie lieblich sang die Nachtigall
   am Brunnen vor dem Tor.

2. Alle Vögel sind schon da für die frohen Lieder.
   In der Heimat ist es schön, sah ein Knab ein Röslein stehn
   zwischen Berg und tiefem Tal alle Jahre wieder.

3. So viel der Mai ach Blümlein beut im schönsten Wiesengrund.
   Wir Turner sind fidele Leut heut in der Morgenstund.
   Wohlauf die Luft geht frisch und rein
   feldeinwärts flog ein Vögelein hinaus zum grünen Wald.

4. Morgen muss ich fort von hier, Turner auf zum Streite!
   Horch, was tönt die Straß entlang lustiger Matrosensang.
   Scheiden muss ich jetzt von hier, wohlauf, es geht ins Weite.

5. Und dräut der Winter noch so sehr drunten im Unterland;
   Herr Heinrich sitzt am Vogelherd, ich bin ein Musikant.
   Jung Siegfried war ein stolzer Knab, war einst ein Riese Goliath,
   ein Jäger aus Kurpfalz.

6. Gestern Abend ging ich aus, kam von fern gezogen.
   Horch, was kommt von draußen rein über Berg und über Stein?
   Fuchs, du hast die Gans geklaut mit dem Pfeil, dem Bogen.

7. Stimmt an mit hellem, hohem Klang im Wald und auf der Heid,
   das Lied, das meine Mutter sang, das Leben bringt viel Freud.
   Was frag ich viel nach Geld und Gut,
   wenn jemand eine Reise tut. Ade zur guten Nacht!

10. Folienvorlage zur Andacht

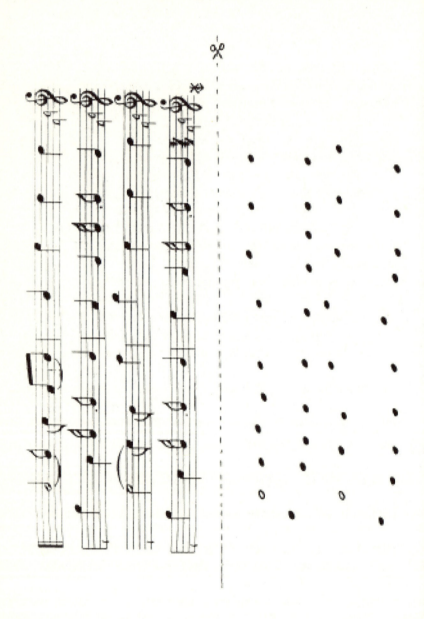

11. Andacht über meine Lebensmelodie
(Überschrift nicht erwähnen, da Sinn der Punkte erraten werden soll!)

Vorbereitung:
Anlage 10 auf Folie kopieren und auseinander schneiden.

1. Punkte-Folie auflegen
✘ An was erinnern Sie diese dunklen Punkte?
✘ Was sind solche dunklen Punkte in meinem Leben oder im Leben anderer?
(Krankheit, Tod, Verleumdung, verkannt werden, Angst, Beziehungsprobleme, Arbeitslosigkeit, finanzielle Engpässe, unerfüllte Wünsche, Kinderlosigkeit, Ehelosigkeit, Scheidung, Enttäuschungen, Verletzungen, Schuld ...)
✘ Wie gehen wir mit den dunklen Punkten unseres Lebens um? Verstecken? Übertünchen? Verarbeiten? Dazu stehen? Gott anklagen? Hadern? Verzweifeln? Oder können wir vertrauen, dass sie ihren Sinn haben, auch wenn wir sie nicht verstehen?

2. Folie mit Notenlinien so auflegen, dass die Noten direkt auf die dunklen Punkte kommen (Anlegemarkierung beachten).

Jetzt ergeben die dunklen Punkte einen Sinn. Ja, Gott schreibt mit den dunklen Punkten unseres Lebens unsere persönliche Lebensmelodie. Ohne die dunklen Punkte, die wir oft gar nicht einordnen können, könnte keine Melodie entstehen. Gott hat also ein Ziel mit den dunklen Punkten. Sie sind nicht umsonst. Und sie sind in Gottes Liebe eingebettet. Sie bringen die Melodie unseres Lebens erst zum Klingen.

Vielleicht haben Sie schon entdeckt, welches Lied die dunklen Punkte ergeben:
»Aber der Herr ist immer noch größer, größer als man denken kann. Er hat das ganze Weltall erschaffen. Alles ist ihm untertan.«
Wer verstanden hat, dass Gott alles, eben auch die dunklen Punkte seines Lebens untertan sind, lernt ihm zu vertrauen, kann sich fallen lassen, kann eine frohe Lebensmelodie singen, die ihren Grundton in dem Aber Gottes hat.

Dieses Aber steht gegen unsere *Angst*. Jesus Christus hat die Welt mit ihrer Angst überwunden. Deshalb brauchen wir in unserer Angst nicht zu verzagen. Er ist größer.

Dieses Aber steht auch gegen unsere *Schuld*. Nirgendwo auf der Welt, bei keiner Religion und keiner Psychologie gibt es Vergebung für Schuldige. Nur Jesus Christus will auch zu unserer Schuld sein göttliches Aber sprechen, damit wir singen und jubeln können.

Und wie kann uns das *Leid* lähmen und festhalten! Das Aber Gottes zu den Wellen des Leides ist seine Liebe, die Hoffnung vermittelt, die tröstet, die trotz allem eine Perspektive für das Leben schenkt, nämlich die ewige Herrlichkeit bei Gott.

Viele kleine Dinge unseres Lebens, unseres Alltags erfüllen uns mit *Sorge*. Auch wenn es ganze Wellen von Sorgen sein sollten, vielleicht um die Zukunft unserer Kinder oder um den Weltfrieden oder die gesellschaftliche und wirtschaftliche Entwicklung. Was es auch sein mag, diese Sorgenwellen können Gottes Aber nicht wegspülen, »denn der Herr ist immer noch größer, größer als ich denken kann.
Er hat das ganze Weltall erschaffen. Alles ist ihm untertan.«

Weil das so ist, wollen wir getrost Jesus Christus unsere Lebensmelodie schreiben lassen, damit dann auch in unserem Leben Musik in der Luft liegt.

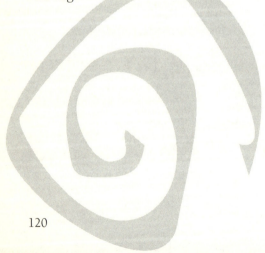

Patricia Schmid

Gartenbild – Lebensbild
Ihr werdet wie ein Garten sein, der immer genug Wasser hat.
(vgl. Jesaja 58,11)

Zielgruppe: Frauen jüngeren und mittleren Alters
Personenzahl: höchstens 10 Teilnehmerinnen
Ort: innen

> »Du wirst sein wie ein bewässerter Garten
> und wie eine Wasserquelle,
> der es nie an Wasser fehlt« (Jesaja 58,11).

➤ Einleitung
Einmal mit Distanz und doch voller Neugierde auf unser Leben blicken. Dazu innehalten. Mit Gedanken spielen. Wäre das etwas für Sie?

Ein Garten wird in Kleinformat mit einfachsten Mitteln aufgebaut. Er zeigt verschiedene Felder, die Sinnbild für unsere verschiedenen Lebensbereiche sind. Wir tauschen uns darüber aus, wie Gärtnerinnen oft untereinander Tipps austauschen: über Wuchskraft und Empfindsamkeit verschiedener Pflanzen, Ernte- und Reifezeiten, Einfluss von Sonne und Regen, aber auch über entspannte Momente im Liegestuhl zum Abschalten im Grünen. Betrachten wir uns zunächst einmal den Garten.

➤ Aufbau des Gartens

Der Garten wird bereits vor dem Fest aufgebaut und zwar von der Gastgeberin auf einem größeren Tablett oder Brett, das zum Gartenfest in die Mitte des Tisches, gut sichtbar für die einzelnen Frauen, gestellt wird. Daraus ergibt sich eine Gruppengröße von maximal 7 bis 10 Frauen.

Benötigt wird ein Zaun (Spielmaterial oder Holzzaun), mit dem der Garten eingegrenzt wird. Eine Lücke dient als Eingang. Der Garten ist in zwei Hälften durch einen Weg unterteilt, der aus Sand besteht.

Er zeigt folgende Felder, die unterschiedliche Lebensbereiche darstellen:
- ✗ Außenkontakte
- ✗ Entspannung und Zu-sich-Finden
- ✗ Familienecke
- ✗ Sorgenfeld
- ✗ Kreativbereich
- ✗ Ertragsfeld

Die *linke Gartenhälfte* besteht aus dem Feld, das unsere »Außenkontakte« versinnbildlicht. Dargestellt wird dies in Form eines Puppentisches mit darum gruppierten Stühlen. Dieses Bild kann man noch mit einem kleinen Spieltelefon oder Puppengeschirr »verfeinern«. Hier sind der Phantasie keine Grenzen gesetzt.

Dahinter befindet sich die Ecke der »Entspannung und des Zu-sich-Findens«. Ersichtlich wird dies an einer kleinen Puppenbank, einer dahinter stehenden hübschen Blume und einigen auf dem Boden liegenden Muscheln oder Moos (aus der Gärtnerei).

Die *rechte Gartenhälfte* besteht vorne aus der »Familienecke«.
In dieser spielen Spielfigurenkinder evtl. mit Tieren.

Dahinter besteht ein »Sorgenfeld«, gekennzeichnet mit größeren Kieselsteinen.

Diesem schließt sich ein »Kreativbereich« an. Er wird deutlich durch Blumenerde, die sich noch brachliegend und unbearbeitet zeigt.

Den Schluss in der hinteren rechten Gartenecke bildet ein »Ertragsfeld«.

Es besteht aus Erde, in die man einen kleinen Korb mit Zieräpfeln aus dem Bastelgeschäft stellen oder – schon vor dem Fest – etwas Kressesamen einpflanzen kann, der bis zum Fest keimt.

Bereits beim Aufbau kann man in sich hineinhören und sich fragen: »Welchem Bereich gebe ich den meisten Raum? Welches Feld richte ich am liebevollsten her?«

Inzwischen hat der Garten durch Sie sein Gesicht bekommen. Jetzt wird er noch lebendig – mit Puppen aus der Puppenstube oder, wenn der Aufbau größer geplant ist, mit *Egli-Figuren*. Es agieren eine Frau (z. B. Norma), ein streng aussehender »Herr Gesetz« und ein freundlich, gütig aussehender »Herr Gnade«. Das Gartenfest kann beginnen:

➤ Austausch
Thema: Wir sind manchmal f r e m d b e s t i m m t.

Das Gespräch unter den Frauen wird schnell in Gang kommen, wenn sie den Garten sehen. Meist werden neugierig viele der kleinen Gegenstände erst einmal in die Hand genommen und betrachtet. Damit ist eine Brücke geschlagen, die verschiedenen Gartenbereiche in Form eines Handpuppenspieles vorzustellen.

Um es persönlicher werden zu lassen, bekommt die Puppenfrau einen Namen. Hier z. B. Norma.

Folgendes sind Anregungen für Spielszenen, die je nach Situation der teilnehmenden Frauen veränderbar sind:

Linke Gartenhälfte – Außenkontakte:
Am Tisch sitzen die Frau und das Kind. Es klingelt das Telefon – der Ehemann. Er gibt Bescheid, dass er nach dem Geschäft noch ins Fitnesscenter geht. Dann ist die Freundin am Apparat. Sie will sich mit Norma treffen. Nur heute ist es dieser nicht möglich. Morgen auch nicht. Da muss sie erst noch in den Elternabend und dann den Frauenkreis vorbereiten. Inzwischen quengelt das Kind im Hochstuhl.

Linke Gartenhälfte – Entspannung:
Die Frau liest auf ihrem Bänkchen ein Buch oder hört Musik. Doch dann wirft sie einen Blick auf die Uhr. Sie hat noch einiges zu erledigen.

Rechte Gartenhälfte – Familienecke:
Sie muss die Kinder noch in die Musikschule fahren, Hausaufgaben kontrollieren oder mit ihnen in die Krabbelgruppe gehen, Feste vorbereiten … und immer ein offenes Ohr haben.

Rechte Gartenhälfte – Sorgenfeld:
Der Schlaf nachts ist unruhig. Sorgen. Was wird die Zukunft bringen? Hätte ich damals doch alles anders gemacht. Es wird sich nie etwas ändern. Schaffe ich das alles?

Rechte Gartenhälfte – Kreativbereich:
Wann bleibt überhaupt noch Zeit für mich? Wie gerne würde ich neue Pläne schmieden, etwas anderes ausprobieren.

Rechte Gartenhälfte – Ertragsfeld:
Ich will etwas erreichen. Ich will mich einbringen, zu Hause und im Beruf. Wie werden wir finanziell über die Runden kommen? Wir möchten uns mehr gönnen.

Die Frauen werden sich in manchem Gespielten wiederfinden. Gemeinsam kann darüber nachgedacht werden, wie wir mit solchen Situationen umgehen.

Es ist gut, sich auszutauschen, aber auch wichtig, sich nicht darin zu verlieren.

Wir können zum nächsten Punkt überleiten, indem wir *eine* Möglichkeit sein Leben zu gestalten, gemeinsam betrachten und im folgenden Handpuppenspiel mit »Herrn Gesetz« erleben:

➤ Spielszene: Herr Gesetz
Thema: Wir sind g e f o r d e r t

Herr Gesetz ist eine streng aussehende Handpuppe. Ein Herr, der sehr korrekt gekleidet ist.

Herr Gesetz marschiert ungefragt, aber zielgerichtet in Normas Garten. Er bleibt mitten in Normas Garten stehen und gibt ihr klare Anweisungen nach 2. Mose 20:

Linke Gartenhälfte – Außenkontakte:
Du sollst deinen Partner lieben, deine Familie, deine Verwandtschaft, deine Gemeinde, deine Nachbarin, deine Kollegin und deine Feinde und damit auch die, die oft nicht weit weg von dir zu suchen sind und dich dennoch verletzen, angreifen und wunde Punkte in dir berühren.
Norma: »Ich versuche es.«

Linke Gartenhälfte – Entspannung:
Du sollst dich selbst lieben, auch mit deinen Altlasten, mit deinen Fettpölsterchen und Falten, mit deiner Liebenswürdigkeit, aber auch mit deinen Kanten.
Norma: »Ich versuche es.«

Rechte Gartenhälfte – Familienecke:
Du sollst deine Kinder immer lieben, auch wenn sie schwierige Phasen durchmachen.
Norma: »Ich versuche es.«

Rechte Gartenhälfte – Sorgenfeld:
Du sollst dich nicht diesen Sorgengöttern ausliefern. Schleppe die Sorgen- und Schuldsteine aus deinem Garten.
Norma: »Ich versuche es.«

Rechte Gartenhälfte – Kreativbereich:
Du sollst dir eine Auszeit gönnen, indem du den Sonntag heiligst, um neue Seiten an dir zu entdecken; egal, wie viel Unerledigtes noch auf dich wartet.
Norma: »Ich versuche es.«

Rechte Gartenhälfte – Ertragsfeld:
Du sollst nichts an dich bringen, was einem anderen gehört; nicht seinen Besitz und nicht seinen Partner. Du sollst nicht neidisch sein auf den, der mehr besitzt als du.
Norma: »Ich versuche es.«

Norma rennt den ganzen Tag unter den Befehlen des Herrn Gesetz gehetzt von einem Feld zum anderen. Seine Anordnungen sind gut. Sie bemüht sich deshalb so sehr, sie auszuführen. Aber abends bricht sie erschöpft zusammen und sagt:
»Ich bringe es zwar fertig, das Rechte zu wollen, aber ich bin zu schwach, es zu tun. Ich tue nicht das Gute, das ich gerne tun möchte, sondern das Böse, das ich verabscheue« (vgl. Römer 7,18-19; Die Bibel in heutigem Deutsch).

Norma kann nicht mehr. Mit allerletzter Kraft wirft sie alles, auch Herrn Gesetz, aus ihrem Garten hinaus und schließt die Tür.

Andere Frauen lassen alles zurück und fliehen aus ihrem Garten, wieder andere blicken über den Zaun in fremde Gärten und trösten sich damit, dass sie mit entsprechenden Bemerkungen diese ab- und ihren damit aufwerten können. Einige Frauen ziehen sich innerlich zurück und lassen alles um sich und mit sich geschehen. Andere liegen erschöpft auf der Couch und wollen für immer dort, in ihrem kleinen Traumreich, bleiben oder sie stürzen sich in Arbeit.

Wir können still überlegen, wie es uns geht oder einmal erging.

Doch wir wollen an diesem Punkt nicht stehen bleiben, sondern uns fragen: Was würden wir uns wünschen? Wie müsste alles ganz anders werden?

Ins (Puppen)Spiel kommt »Herr Gnade«.

▶ Spielszene: Herr Gnade
Thema: Wir sind g e l i e b t

Herr Gnade ist ein freundlich aussehender Herr. Er bleibt im Puppenspiel vor dem Zaun stehen und stürmt nicht, wie Herr Gesetz, ungefragt in Normas Garten. Er klopft erst einmal an:

»Ich stehe vor der Tür und klopfe an ...« Offenbarung 3,20.

Herr Gnade ist es, der zum ersten Mal in Normas Leben ihre Grenzen achtet und dies gut findet.

Norma ist nach ihren bisherigen Erfahrungen zunächst skeptisch. Sie unterhält sich erst über den Zaun. Doch dann fasst sie im Gespräch Vertrauen und bittet Herrn Gnade in ihren Garten. Norma erwartet, dass er ungebeten am Familientisch Platz nimmt und sich bedienen lässt oder aber ihr strikte Anweisungen vom Gartenweg aus erteilt, wie zuvor Herr Gesetz.

Stattdessen setzt sich Herr Gnade mit Norma auf die Bank in die »Entspannungsecke«.

Herr Gnade tröstet Norma, die unglücklich ist, weil sie bei Herrn Gesetz versagte. Er kennt die Menschen. Er weiß: »Hat euch nicht Mose das Gesetz gegeben? Und niemand unter euch tut das Gesetz« (Johannes 7,19).

Dennoch liebt er Norma. Er hört ihr zu. Was hat sie alles erlebt? Was beschäftigt sie? Was wünscht sie sich?

    Norma:
    Manchmal träume ich
    von einem Leben, das nicht eingebunden ist
    in tausend Verpflichtungen,
    in dem Raum ist
    für das Gespräch,
    für die Begegnung,
    für das Spiel.
    Ein Leben denke ich mir aus,
    in dem nicht mehr zählt,
    was einer hat,
    sondern was er ist
    für andere,
    in dem nicht den Konventionen gehuldigt,
    sondern dem Herzen gefolgt wird.

    Wie viel menschlicher wäre ein Leben,
    in dem alle gleich viel gelten,
    ob Mann, Frau oder Kind,
    in dem es keine Schande ist,
    schwach zu sein
    und Hilfe zu brauchen.
    Ich stelle mir vor, wie es sein müsste,
    wenn niemand mehr den Frieden eintauschte
    gegen die Befriedigung des Augenblicks,
    wenn niemand mehr Dingen nachjagte,
    die er gar nicht braucht,
    wenn unter uns wieder das Glück entdeckt würde,
    eine Aufgabe zu haben auf dieser Welt,
    für die da zu sein es sich lohnt.

Wie danke ich dir
für alle Menschen,
die mich ahnen lassen,
was wirkliches Leben meint.
Wie danke ich dir,
dass hier und heute
erfülltes Leben möglich ist,
weil du es anbietest.
    (Sabine Naegeli)

Herr Gnade will mit Norma jetzt die verschiedenen Lebensbereiche aufsuchen. Aber ein großer Kieselstein aus der Sorgenecke behindert die Gestaltung der Gartenfelder. Norma erwartet, dass Herr Gnade sie, wie damals Herr Gesetz, losschickt, um die Steine aus dem Garten zu schleppen. Sie schaffte es unter aller Anstrengung nicht. Stattdessen bittet Herr Gnade Norma den Sorgen- und Schuldstein ihm aufzuschultern. Er schleppt den Gesteinsbrocken gebückt aus dem Garten und sagt zu ihr: »Ich habe deine Schultern von der Last befreit und deine Hände vom Tragkorb erlöst« (vgl. Psalm 81,7).

▶ Lied
Nimm deine Sorgen, wirf sie auf Jesus.

▶ Spielszene: neue Gartengestaltung
Jetzt ist der Weg frei für die *neue* Gartengestaltung:

Herr Gnade begleitet Norma in die linke, vordere Gartenecke »Außenkontakte«:

Die Familie nimmt, auch mit den Kindern aus der Familienecke, sowie mit »Freund und Feind« am runden Puppentisch Platz. Herr Gnade bindet sich eine Schürze um. Er dient allen (vgl. Matthäus 20,28).

Herr Gnade wartet in der »Ertragsecke« mit Norma, bis die Jahreszeit zum Einsammeln der Äpfel (evtl. in einen kleinen Puppenkorb) gekommen ist. Er hilft den Ertrag mit anderen zu teilen, aber auch selbst zu genießen.

Herr Gnade kritisiert nicht in der »Kreativitätsecke«, dass das Feld noch brachliegt. Er begießt mit einer Puppengießkanne die Erde mit Wasser und freut sich mit Norma daran, welche Vielfalt aus dem ausgestreuten Samen wächst (hier können zur Versinnbildlichung auch vorgetriebene Pflänzchen eingesetzt werden).

Herr Gnade schleppt immer wieder neu hinzugekommene Kieselsteine aus dem Garten, um den Abtransport abgestorbener Äste sowie Unkraut und die Anlieferung neuer Pflanzen zu ermöglichen (evtl. mit einem Puppenleiterwagen).

Norma spürt zwar immer noch Bedrängnis (man lässt sie das sprechen): »Obwohl ich von allen Seiten bedrängt bin ... werde ich nicht erdrückt. Obwohl ich oft nicht mehr weiterweiß, verliere ich nicht den Mut. Die übermenschliche Kraft kommt von Gott und nicht von mir« (vgl. 2. Korinther 5,7-9).

Unter den hinausgeschafften Kieselsteinen schimmert etwas golden. Es sind Goldtaler, die die Kursleiterin beim Gartenaufbau zuvor unter den Kieselsteinen versteckt hat.

➤ Abschluss

Die Goldtaler werden an die Teilnehmerinnen verschenkt, mit dem Wunsch und Gebet, dass sie ihren »Lebensschatz« finden.

Alternativ kann man auch kleine Tontöpfe mit Erde füllen und ein Samentütchen von den Marburger Medien dazu schenken, auf das ein »Mutmachlied« gedruckt ist (zu bestellen bei: Stiftung Marburger Medien, Friedrich-Naumann-Str. 15, 35037 Marburg, Telefon: 0 64 21/18 09-0).

Mut wird auch zugesprochen mit dem Vers aus Galater 3,5: »Gott gibt euch seinen Geist und lässt Wunder bei euch geschehen. Tut er das, weil ihr das Gesetz befolgt oder Jesus Christus (und damit Herrn Gnade) vertraut?« (Die Bibel in heutigem Deutsch).

Lied: Kopf und Herz sind wie ein Beet

- **_Abschlussgebet_**

Du hast die Frau angesprochen, damals (am Brunnen). Du hast ihr Leben gewendet. Du hast ihr eine Quelle erschlossen und ihr neues Leben geschenkt. Sprich auch heute zu mir, damit ich glauben kann, dass die Quelle sprudelt, dass Leben da ist – auch für mich.

(Marie-Luise Langwald)

Doris Mannhardt

Sonnenblumenfest

Zielgruppe: Frauen jeden Alters
Personenzahl: keine Begrenzung
Ort: innen – möglichst in zwei Räumen (für Spiele und Essen)

➤ Ziele dieser Einheit
Miteinander feiern und fröhlich sein. Wir vergleichen unser geistliches Leben mit der Sonnenblume.

➤ Informationen zum Thema
»Die Sonnenblume stammt aus der Familie der Korbblütler, mit goldgelben Strahlenblüten, die bis zu 50 cm Durchmesser haben können. Die 1-3 m hohen Pflanzen haben rau behaarte Stängel und herzförmige Blätter. Der Same, die Sonnenblumenkerne enthalten 25% Eiweiß, etwa 50% wertvolles Öl und 8% Kohlenhydrate sowie die Vitamine D und B. Die Sonnenblume kam aus Amerika, aus Peru, über Spanien nach Europa. 1830 wurde sie erstmals in Russland zur Ölgewinnung angebaut.«

➤ Programmablauf
1. Begrüßung
2. Reigen (Vom Aufgang der Sonne)
3. Informationen über die Sonnenblume
4. Lied: »Gottes Liebe ist wie die Sonne«
5. Sonnenbibelmemory

6. Sonnenblumenwürfelspiel
7. Liederquiz mit Sonne
8. Dalli, Dalli mit Sonnenbegriffen
9. Lied: »Jesus die Sonne«
10. zum Lied die Entstehungsgeschichte vorlesen
11. Überraschungsdessert »Sonnenblumeneis«
12. Andacht über Richter 5,31
13. Lied: »Die Gott lieben«

➤ Elemente zur Durchführung
• **1. Dekoration**
Tischgruppen bilden und mit Sonnenblumen in Glasschalen, Herbstlaub und Sonnenblumenservietten dekorieren.
Für jede Frau ein Sonnenblumenkärtchen (Marburger Medien, GK 54) und eine Papiersonnenblume auf einem Sonnenblumenkeks bereitstellen.

• **2. Liedvorschläge**
 ✗ Gottes Liebe ist wie die Sonne
 ✗ Jesus, die Sonne
 ✗ Hell strahlt die Sonne
 ✗ Die Gott lieben, werden sein wie die Sonne
 ✗ Vom Aufgang der Sonne
 ✗ Jesus, wir sehen auf dich

• **3. Überraschungsdessert**
Sonnenblumeneis
Eine Kugel Schokoladeneis mit halben Löffelbisquits als Sonnenblumenblütenblätter ringsherum legen und mit Sonnenblumenkernen verzieren.

• **4. Entstehungsgeschichte des Liedes »Jesus, die Sonne« von Sr. Ursel Aul**
»Am 2. Oktober 1975 kam Schwester Ursel Aul aus dem Diakonissenmutterhaus in Aidlingen in den Freudenstädter Kirchenbezirk als Jugendreferentin. Schon bald merkten es die jungen Menschen, dass

ihnen in Schwester Ursel ein Mensch begegnete, der ihnen viel Verständnis für ihr Leben entgegenbrachte. In fröhlicher und unkomplizierter Weise lud sie ein zum Mitgehen auf dem Weg des Glaubens.

Schon nach wenigen Jahren Dienst wurde bei ihr eine schwere Krankheit entdeckt, und Schwester Ursel musste Freudenstadt verlassen. Viele haben sie auf ihrem Leidensweg begleitet – immer in der Hoffnung, sie dürfte wieder zurückkehren. Gott aber hat sie einen anderen Weg geführt. Er hat sie am 1. Oktober 1979, kurz nach ihrem 35. Geburtstag zu sich gerufen. Lange hoffte Schwester Ursel auf Genesung und Heilung. Doch konnte sie sagen: ›Wenn ich es Jesus überlasse, ihm meinen Willen bewusst ausliefere, kann ich gelassen und getrost sein. Ich möchte ja auch nichts anderes als in seinem Willen sein und den Weg, den er führt mit ganzer Freude gehen. Nicht unser Tun ist für ihn entscheidend, sondern unser Leben bei ihm. Dass Jesus durch uns verherrlicht wird!‹ Dann dichtete sie, schon schwer von der Krankheit gezeichnet, das Lied, das rasch den Weg in viele Jugendgruppen fand.«

- **5. Spiele**

Sonnenblumenwürfelspiel

Für jede Tischgruppe wird aus Tonkarton eine Sonnenblume gebastelt. Einzelteile sind Blüte, Stängel und Blätter. Die Einzelteile werden mit Punktkombinationen vom Würfel versehen und mit Vitaminbonbons belegt. Jeder darf mit zwei Würfeln reihum würfeln. Je nach Punktkombination würfelt man die Sonnenblume ab. Sieger ist die Tischgruppe, die zuerst die Blume abgewürfelt hat.

Dalli, Dalli mit Sonnenworten

Jede Gruppe darf Worte finden mit »Sonne«. Wer hat nach 5 Minuten die meisten Begriffe gefunden?

Lieder-Quiz mit Sonne

Man muss die Lieder von der Sonne ergänzen:
1. ... gehe auf zu unsrer Zeit   (Sonne der Gerechtigkeit)
2. ... das strahlende Licht   (Jesus die Sonne)
3. Gottes Liebe ist ...   (wie die Sonne)
4. Die Gott lieben ...   (werden sein wie die Sonne)

5. ... bis zu ihrem Niedergang   (Vom Aufgang der Sonne)
6. ... der Tag ist erwacht   (Hell strahlt die Sonne)
7. ... Morgenstrahl weckt alle Kreatur   (Es tagt, der Sonne)
8. ... voll Freud und Wonne   (Die güldne Sonne)
9. Er sendet Tau und Regen ...   (und Sonn- und Mondenschein)
10. ... Er stellt des Mondes Lauf   (Er lässt die Sonne aufgehen)
11. Freuet euch an ...   (Mond und Sterne)
12. ... die Nacht hat dich vertrieben   (Wo bist du Sonne)
13. Weißt du, wie viel Mücklein spielen ... (in der heißen Sonnenglut)
14. Für die Ruhe in der Nacht ...   (für die Sonne, die mir lacht)

Bibel-Sonnen-Memory

Memorykarten in Sonnenblumenform herstellen. Die Bibelworte mit »Sonne« werden jeweils zur Hälfte auf die Sonnenkärtchen geschrieben, sodass immer zwei Karten einen vollständigen Bibelvers ergeben. Sie werden dann in nummerierte (1-18) Kartontaschen gesteckt, die auf einen Karton geklebt werden. Jeder darf immer zwei Zahlen nennen.

1. Richter 5,31
2. Psalm 50,1
3. Psalm 84,12
4. Psalm 121,6
5. Prediger 1,9
6. Maleachi 3,20
7. Matthäus 13,6
8. Epheser 4,26
9. Matthäus 17,2

- **6. Lied** »*Vom Aufgang der Sonne*« *(mit Bewegungen)*
Vom Aufgang der Sonne bis zu ihrem Niedergang
(Beide Arme von links nach rechts hochheben und herabsinken lassen.)
sei gelobet der Name des Herrn.
(Beide Arme hochhalten.)
Preiset den Herrn.
(In die Mitte gehen.)

Preiset alle Völker den Herrn.
(Hände hochhalten.)
Preiset den Namen des Herrn.
(Aus der Mitte zurückgehen.)

- **7. Sonnenblumenkekse – Rezept**
  Zutaten:
  125 ml Öl
  120 g brauner Zucker
  2 Eier
  ½ TL Vanillepulver
  250 g Weizenvollkornmehl
  75 g Kokosraspel (oder geriebene Mandeln)
  125 g Sonnenblumenkerne
  ½ TL Salz
  60 ml Wasser

Öl und Zucker mit dem elektrischen Handrührgerät verrühren, Eier zufügen und schaumig schlagen. Dann Gewürze, Mehl, Kokosraspel (oder Mandeln), Wasser und Sonnenblumenkerne unterziehen. Den Teig teelöffelweise (Häufchen nicht zu klein machen) auf ein mit Backpapier ausgelegtes Blech verteilen. Im vorgeheizten Backofen bei mittlerer Hitze goldgelb backen.

- **8. Bastelarbeit »Sonnenblume«**

Den gebackenen Sonnenblumenkeks in Klarsichtfolie einpacken und mit Bastschleife zusammenbinden. Aus Tonkarton eine Blüte, Blätter und Stängel ausschneiden und zusammenkleben. Auf einen Zahnstocher kleben und in den Keks stecken.

- **9. Andacht (Richter 5,31)**
    »Die ihn (Gott) aber lieb haben, sollen sein,
        wie die Sonne aufgeht in ihrer Pracht.«
    »Die Gott lieben, sind wie
        der Sonne Aufgang in ihrer Kraft.«
                (Menge-Übersetzung)

Dieser Vers ist das Ende aus dem Siegeslied von Debora. Debora war Richterin in Israel und sie erlebte, wie Israel bedrängt wurde. Dann kam es zum Kampf zwischen Israel und seinen Feinden. Sisera, der feindliche Hauptmann kam auf eine brutale, makabere Art ums Leben. Jael, die Frau des Keniters Heber, lockte Sisera ins Zelt. Als er schlief, hämmerte Jael einen Pflock durch Siseras Schläfe. Das war ein grausames Ende. Debora singt ein Siegeslied: *So wie Sisera sollen alle Feinde Gottes untergehen. Doch die, die Gott lieben, sollen aufgehen, sollen strahlen wie die Sonne in ihrer Pracht.*

Das Erleben eines Sonnenaufgangs ist eine wirkliche Pracht, ja ein Stück Herrlichkeit zum Staunen. Es signalisiert auch Macht, viel Energie und viel Dynamik. Kraft geht vom Sonnenlicht auf alles, was lebt, aus. Für den Menschen sowie für die ganze Schöpfung wäre das Leben ohne Sonne unmöglich. Ja, es wäre für uns gar kein Leben möglich. Eine Pflanze ohne Sonne, ohne Licht, ist dem Tode geweiht. Sonne bedeutet Leben, Licht, Wärme, Liebe, Kraft und Energie. Wir als Christen, die Gott lieben, sollen einem Sonnenaufgang gleichen. Von uns soll Lebendigkeit, Wärme, Licht und Liebe ausgehen. Sind wir solche Christen?

In Matthäus 5,14 sagt Jesus: *»Ihr seid das Licht der Welt. Es kann die Stadt, die auf dem Berge liegt, nicht verborgen sein. Man zündet auch nicht ein Licht an und setzt es unter einen Scheffel, sondern auf einen Leuchter. So leuchtet es allen, die im Hause sind. So soll euer Licht leuchten vor den Leuten, damit sie eure guten Werke sehen und euren Vater im Himmel preisen.«*

Das ist doch großartig, wenn Jesus sagt: *Ihr seid Licht = Sonne.*

Wir sind Licht, wir sind wie die Sonne, die aufgeht in ihrer Pracht. Manchmal müssen wir es aber auch bekennen und leiden darunter, dass wir es nicht sind.

Aber seit es den großen Ostermorgen, diesen wirklichen Sonnenaufgang gibt, als Jesus Christus, der Sieger über Finsternis, auferstand, ist es so.

»Jesus ist unsere Lebenssonne.«

In der Gemeinschaft mit ihm ist allein erfülltes Leben möglich und gibt es ewiges Leben.

Können wir Licht und Sonne sein für unsere Umgebung?

Reflektieren wir Wärme und Liebe von Jesus in dieser Welt?

Jesus will durch uns leuchten und in dieser Welt bekannt werden. Sind wir wie die Sonne in ihrer Pracht oder wie eine trübe Funzel?

Pfr. Paul Deitenbeck erinnerte sich an seine Tante als eine Frau, die wie die aufgehende Sonne Wärme und Liebe verbreitet hat. Man fühlte sich wie beim Sonnenaufgang, wenn man mit ihr zusammen war – alles wurde heller und wärmer. Deitenbecks Tante war keine bedeutende Frau, aber sie hatte ein Geheimnis: Ihre Liebe zu Jesus. Sie lebte ledig in einem kleinen Haus, hatte keine besondere Aufgabe in der Gemeinde, aber war eine mütterliche Christin. Ihr Zuhause war die warme Stube des Dorfes. Die kamen zu ihr, weil sie wussten, dass sie hier ihr Herz ausschütten konnten. Die Tante konnte zuhören, tat Fürbitte für viele Menschen. Ihre Ermutigung an andere war: »Gott kann. Vertrauen Sie ihm.«

Es gehört zum schönsten im Leben, wenn wir auch solch einen Sonnenglanz von Jesus an andere Menschen weitergeben können.

Die Sonnenblume hat Gott wachsen lassen. Sie ist eine geistliche Lektion für uns Menschen. Die besondere Eigenschaft der Sonnenblume ist, dass sie ihr Blütengesicht immer der Sonne zuwendet. Das ist am ganzen Feld besonders deutlich zu sehen. Sie schauen abends in die entgegengesetzte Richtung wie am Morgen. Wir dürfen von den Sonnenblumen lernen, auf die Sonne Jesus zu blicken – in allen Lebenssituationen. Er allein ist unsere Lebenssonne. Seine Wärme soll auf uns übergehen. Schauen wir auf uns, dann können wir oft verzweifeln und mutlos werden. Schauen wir auf unsere Nöte und Probleme, so sind wir niedergeschlagen und depressiv. Schauen wir auf andere, so werden wir leicht neidisch und eifersüchtig. Schauen wir aber auf Jesus, so sind wir voller Vertrauen und Glaubenszuversicht.

»Wende dein Gesicht der Sonne zu, dann fallen die Schatten hinter dich«, sagt ein chinesisches Sprichwort.

Je mehr wir auf Jesus sehen, ihn anschauen in seinem Wort und durch die Gebetsverbindung, umso mehr verbreiten wir Licht, Wärme und Liebe.

Die Sonnenblume sieht der Sonne ähnlich. Leuchtendes Gelb und die Blütenfarben sind wie die Sonnenstrahlen. Wahrscheinlich weil sie die Sonne ständig anschaut. Wenn wir Jesus auch beständig anschauen, werden auch wir ihm immer ähnlicher werden.

»Du durchdringest alles,
    lass dein schönstes Lichte,
Herr, berühren mein Gesichte.

Wie die zarten Blumen
    willig sich entfalten und
der Sonne stillehalten,
    lass mich so,
        still und froh,
    deine Strahlen fassen
        und dich wirken lassen.« Amen.
G. Tersteegen

Brigitte Götschke, Martina Kilgus,
Christine Mongiatti und
Bärbel Pfefferlte

Kartoffelfest in der Herbstzeit

Zielgruppe: Frauen jeden Alters
Personenzahl: keine Begrenzung
Ort: innen – möglichst in zwei Räumen (für Spiele und Essen)

➤ Vorbereitung

Geeignet für einen herbstlichen Spieleabend, zur Eröffnung der Frauentreffen im Winterhalbjahr. Die Kartoffel kann durchgängig auch durch einen Apfel ersetzt werden, so wird daraus ein Apfelfest.

Raumgestaltung: Für die Spiele ist es gut, einen großen Raum zu belegen. Hierzu ist ein Stuhlkreis angebracht. Ein Nebenraum für den kulinarischen Teil ist wünschenswert, damit der Tisch festlich gedeckt werden kann und dies für die Teilnehmer eine unerwartete Überraschung ist. Kartoffelkönige und Kerzen mit Herbstfrüchten zieren geschmackvoll die Esstische.
Kartoffelkönige: Man nimmt zwei Kartoffeln und steckt sie mit einem Zahnstocher zu einem Männchen zusammen. Die Krone gestaltet man aus Goldpapier, die Augen und den Mund aus Tonpapier.

Kulinarisches: Kartoffelsuppe, die zum Teil aus den Eintrittskartoffeln zubereitet wird (mit Suppengrün, Fleischbrühe). Je nach Teilnehmerzahl ist für die Größe des Suppentopfes zu sorgen (pro Person eine große Kartoffel). Zur Suppe wird noch ein Kartoffelbrot gereicht.

Zum Kartoffelfest empfiehlt es sich, mit der Bitte um einen Eintrittspreis einzuladen. Eintrittspreis: Eine Kartoffel.

▶ Festablauf

Begrüßung der Teilnehmerinnen und Entgegennahme der Kartoffel.

Jede Frau erhält eine in Tonpapier ausgeschnittene Kartoffel, die mit einer Kartoffelsorte bezeichnet ist. Dadurch entstehen die Spielgruppen. Kartoffelsorten: Granola, Grata, Sieglinde, Crista, Attika usw.

Begrüßungslied: Unser Leben sei ein Fest (EG Nr. 636)

▶ Spiele und ihre Durchführung

Die Auswahl der angegebenen Spiele sollte man im Hinblick auf das Alter und Fähigkeiten der Teilnehmerinnen auswählen.

1. Spiel: Kartoffeltransport: Die Gruppen sitzen in je einer Stuhlreihe. Die Erste bekommt eine Kartoffel auf die Oberschenkel gelegt. Die Kartoffel muss ohne Hände bis zur Letzten wandern. Welche Gruppe ist zuerst fertig? Wenn die Kartoffel herunterfällt, muss die Gruppe nochmals von vorne anfangen.

2. Spiel: Kartoffelwettschälen: Eine Freiwillige jeder Gruppe erhält eine etwa gleich große Kartoffel. Wer schält für die Gruppe am schnellsten die Kartoffel?
(Jetzt kann die Köchin die Kartoffeln einsammeln.)

3. Spiel: Kartoffeltransport: Im Raum verschiedene Hindernisse aufbauen. Pro Gruppe die gleichen Hindernisse. Nun einen Staffellauf durchführen. Die Erste jeder Gruppe bekommt 1 Kartoffel und 1 Löffel. Wenn die Kartoffel vom Löffel herunterfällt, darf sie an dieser Stelle weitermachen. Welche Gruppe ist am schnellsten?

Dies kann erweitert werden durch einen zweiten Lauf, bei dem man sich eine Kartoffel zwischen die Knie klemmen muss.

4. Spiel: Kartoffel Dalli-Dalli: Jede Gruppe erhält ein Blatt Papier und einen Bleistift und hat eine Minute Zeit, um zusammengesetzte Hauptwörter mit Kartoffel aufzuschreiben. Die Gruppe mit den meisten Wörtern ist Sieger.

5. Spiel: Kartoffelschätzspiel: Jede Gruppe wählt sich zunächst eine Kartoffel aus und schätzt ihr Gewicht. Auch mehrere Kartoffeln können geschätzt werden.
Mit einer Haushaltswaage wird der Sieger ermittelt.

6. Spiel: Kartoffelzielschießen: Eine Freiwillige aus jeder Gruppe bekommt einen Gürtel mit einem langen Bindfaden um die Hüfte geschnallt. Am Ende des Bindfadens wird auf Kniehöhe eine Kartoffel festgebunden. Mit dieser Kartoffelkeule soll sie versuchen, 3 leere Flaschen umzustoßen. Es wird auf Zeit gewertet.

7. Spiel: Kartoffelpuzzle: Pro Gruppe 1 Puzzle, wenn möglich das gleiche. Z.B. einen Kartoffelstrauch aufzeichnen und in einfache Puzzlestücke zerschneiden. Puzzlestücke können noch auf ein zusätzliches Blatt aufgeklebt werden.

8. Spiel: Kartoffelstaude Neuschöpfung: Die Gruppen haben die Aufgabe, in einer festgesetzten Zeit, ca. 5 Min., aus dem vorgegebenen Wort »Kartoffelstaude« möglichst viele neue Worte zu finden und aufzuschreiben. Dafür dürfen nur die Buchstaben verwendet werden, die in dem Wort »Kartoffelstaude« vorkommen.
Gewertet wird, wie viele richtige Worte jede Gruppe gefunden hat.

---

9. Kartoffelquiz:
- Wie viele Kartoffelsorten werden in Deutschland angebaut?
    ca. 30 – ca. 70 – *ca. 100*
- Wie viele Kartoffelsorten sind weltweit bekannt?
    ca. 750 – *ca. 1000* – ca. 2300
- Wer führte die Kartoffel in Europa ein?
    Engländer – Franzosen – *Spanier*

- Wo steht das europaweit einzige Kartoffelmuseum?
    Berlin – Madrid – *München*
- Welche Farbe hat der Kartoffelkäfer?
    gelb-schwarz – orange-schwarz – schwarz-weiß
- Wie viel Prozent Stärke enthält eine Kartoffel?
    5-7 % – *10-30 %* – 60-70 %
- Aus welchem Erdteil stammt die Kartoffel ursprünglich?
    Europa – Asien – *Südamerika (Inkas)*
- Wogegen ist Kartoffelsaft eine Hilfe?
    Halsschmerzen – *Magenübersäuerung* – Kopfschmerzen
- Wie viel Prozent Fett enthält eine Kartoffel?
    10 % – 1 % – *0,1 %*
- Die Kartoffel ist ein Nachtschattengewächs.
  Welche der folgenden Pflanzen sind keine Nachtschattengewächse?
    Tomaten – Auberginen – *Kürbisse*

Lied: Vergiss nicht zu danken (EG Nr. 608)

Einladung zum gedeckten Tisch in den Nebenraum.

➤ Andacht

Thema: Der Mensch lebt nicht vom Brot allein …
… zum Leben gehört mehr:
Gute Freunde, denen man vertrauen kann,
Gelassenheit, in Frieden mit sich selbst und anderen zu leben,
Dankbarkeit für vieles, was scheinbar so selbstverständlich ist,
Zufriedenheit im Blick auf das, was unser Leben erträglich und reich macht,
und nicht zuletzt die Freude daran, Gutes zu tun und anderen Freude zu machen.
Werte, die nicht selbstverständlich sind und keinem von uns in die Wiege gelegt worden sind. Wer erkennt, dass das Leben mehr ist als Essen und Trinken, der hat Lebensqualität gewonnen und Wesentliches vom wahren Leben entdeckt. Die ganze Weite eines erfüllten Lebens zeigt uns Jesus Christus, wenn er sagt:

»Der Mensch lebt nicht vom Brot allein, sondern von jedem Wort, das aus dem Munde Gottes kommt.« (vgl. Matthäus 4,4)

Gottes Worte beleben und machen die Seele zufrieden und satt. Sie vermitteln Werte und Maßstäbe über den flüchtigen Augenblick hinaus. Seine Worte sind Grund zur Freude. Sie geben Hoffnung, Orientierung und Halt. Gottes Gegenwart in unserem Leben stillt eine Sehnsucht in uns, die von nichts anderem gesättigt werden kann. Bei Gott allein findet unsere Seele Ruhe und Kraft. Gut hat es der Mensch, dessen Seele satt geworden ist an den guten Worten des Schöpfers und Erhalters unseres Lebens. Jede Mahlzeit kann uns daran erinnern, unsere Seele nicht zu vergessen, sondern sie mit den guten Worten Gottes zu nähren. Wer bei ihm zu Gast ist, der hat für sein Leben ein Zuhause gefunden.

(Verteilkarte Nr. K 154, Stiftung Marburger Medien)

Tischgebet: Vorstellung eines Tischgebetswürfels oder Tischgebetsbuches oder Tischkanon

Festessen: Kartoffelsuppe mit Kartoffelbrot und neuem Wein. Feierlich wird die Suppe serviert (evtl. mit einer Wunderkerze).

Abendlied: Abend ward, bald kommt die Nacht (EG Nr. 487)

Abendgebet: Auswahl aus dem EG (Seite 1218 und 1219)

Doris Mannhardt

Erntedankfest
Thema: Unser tägliches Brot gib uns heute

Zielgruppe: ältere Frauen
Personenzahl: keine Begrenzung
Ort: innen

▶ 1. Ziele dieser Einheit

Danken und feiern für das tägliche Brot. Das tägliche Brot ist kostbar und nicht selbstverständlich. Jesus Christus will für uns das Brot des Lebens sein.

▶ 2. Informationen zum Thema

»Die ältesten – seit fast 8000 Jahren bekannten – Zubereitungsarten von Getreide sind der Brei und der Fladen. Die Ägypter waren dann die Ersten, die den Brei auf heißen Steinen gebacken haben. Diese Fladenbrote waren allerdings hart und fad. Getreidebrei wurde zubereitet aus ganzen oder zerstoßenen Körnern, die mit Wasser angerührt wurden. Die Ägypter machten die tolle Erfindung der Gärung. Man vermutet, dass so ein ägyptischer Brotbäcker einmal aus Versehen seinen Teig stehen ließ, der dann anfing zu gären. Dennoch wurde er gebacken. Und siehe da, das Brot wurde locker und luftig. Es ergab eine enorme Verbesserung der Qualität. Kein Wunder, dass seither der Sauerteig zum Brotbacken gehört. Man stieg dann in vielen Gegenden vom Fladenbrot zum Brotlaib um und wechselte vom Stein zum Backofen. Der bei uns übliche Brotlaib wurde wahrscheinlich schon etwa 2000 vor Christus im Orient durch Zusatz von Sauerteig oder Hefe geformt. Bis zum 16. Jahrhundert wurde als Brotgetreide überwiegend Gerste verwendet, heute vorwiegend Weizen und auch Roggen.«

➤ 3. Hinweise zur Durchführung
• *Programmablauf*
1. Begrüßung
2. Lesung Psalm 104 (Versauswahl)
3. Gebet
4. Lutherwort: Unser tägliches Brot gib uns heute (s. 4.3.)
5. Lied: Vergiss nicht zu danken
6. Gedicht zum Erntedank (s. 4.4.)
7. Lied: Wir pflügen und wir streuen
8. Diareihe: Vom Samen zum Brot (Evangelische Medienzentrale 70174 Stuttgart, Theodor-Heuss-Str. 23, Tel.: 07 11/2 22 76 67)
9. Kanon: Danket, danket dem Herrn
10. Biblischer Impuls: Jesus, BROT des Lebens (Johannes 6,35; s. 4.6.)
11. Lied: Du bist der Weg und die Wahrheit und das Leben
12. Evtl. Gebetsgemeinschaft (Jeder darf Gott seinen Dank bringen.)
13. Gemütliches Essen und Trinken
14. Während des Essens Geschichte vorlesen (*Das halbe Brot*, s. 4.5.)
15. Spiel (s. 4.2.)
16. Frauen berichten lassen, über ihre Erlebnisse mit BROT, z. B. in den Hungerjahren.
17. Ausklang mit Lied: Nun danket alle Gott

• *Dekoration*

Buntes Herbstlaub im Saal aufhängen, auf Tische längliche Glasbehälter stellen – zur Hälfte mit Erde und Sand gefüllt. In die Erde Weizenkörner streuen, auf den Sand kleine Ährensträußchen stellen, grüne Servietten unterlegen.

Erntedankkärtchen für jede Frau (z.B. von Marburger Medien; GK Nr. 61).

- **Brotbüfett**
Vollkornbrot, Brötchen-Rad, verschiedene Brotsorten, Laugenstangen, Zwiebelbrot, evtl. Pizzabrötchen, Partybrot, Stangenweißbrot, Butter, Marmelade, Käse, Apfelsaft und Mineralwasser.

▶ 4. Weitere Elemente zur Festgestaltung
- **4.1. Liedvorschläge**

✗ Vergiss nicht zu danken
✗ Wir pflügen und wir streuen
✗ Danket, danket dem Herrn
✗ Du bist der Weg und die Wahrheit und das Leben
✗ Nun danket alle Gott

- **4.2. Spiel**

Körnerraten
Verschiedene Körnersorten werden zum Erraten auf Teller gelegt.
z. B. Weizen, Gerste, Hafer, Mais, Dinkel, Reis …

- **4.3. Gedichte und Geschichten**

Lutherwort: Unser täglich Brot gib uns heute
»Unser täglich Brot gib uns heute
Was ist das?
Gott gibt täglich Brot, auch wohl ohne unsere Bitte, allen bösen Menschen; aber wir bitten in diesem Gebet, dass er's uns erkennen lasse und mit Danksagung empfangen, unser täglich Brot.

Was heißt denn täglich Brot? Alles, was zur Leibesnahrung und Notdurft gehört, also Essen, Trinken, Kleider, Schuh. Haus, Hof, Acker, Vieh, Geld, Gut, fromm Gemahl, fromme Kinder, fromm Gesinde, fromme und treue Oberherren, gut Regiment, gut Wetter, Friede, Gesundheit, Zucht, Ehre, gute Freunde, getreue Nachbarn und desgleichen.«

- **4.4. Gedicht zum Erntedank: Brot, wo kommst du her?**

»Brot, wo kommst du her? Ei, das ist nicht schwer:
Bin vom Bäcker kommen, der hat Mehl genommen,
Mehl, wohl sieben Lot – und so bin ich Brot.

Mehl, wo kommst du her? Ei, das ist nicht schwer:
Bin vom Müller kommen, der hat Korn genommen,
Korn wie Gold so gel – und so bin ich Mehl.

Korn, wo kommst du her? Ei, das ist nicht schwer.
Bin vom Bauern kommen, hat den Halm genommen,
Hälmlein aus dem Dorn – und so bin ich Korn.

Halm, wo kommst du her? Ei, das ist nicht schwer:
Bin vom Würzlein kommen, hat mich mitgenommen
aus der Erde Schoß – und so wuchs ich groß.

Erde, Sonne, Meer, sprecht, wo kommt ihr her?
Sind von Gott herkommen, dass für alle Frommen
wachse Brot im Land, Brot aus Gottes Hand.«

- **4.5. Geschichte: *Das halbe Brot***

»Als der überall beliebte Landarzt Doktor Breitenbach gestorben war, gingen seine drei Söhne an das traurige Geschäft, den Nachlass zu ordnen und das Erbe ihres Vaters getreu seinem letzten Willen unter sich zu verteilen. Da gab es alte Möbel, schwere Teppiche, kostbare Bilder; und dann war da ein hoher Glasschrank mit vergoldeten Pfosten und geschliffenen Scheiben. In diesem Schrank hatte der alte Arzt schon zu Lebzeiten kleine Kostbarkeiten und seltsame Erinnerungsstücke aufbewahrt. Behutsam nahmen die Brüder zierliche Schnitzereien, hauchdünne chinesische Teetassen und ein römisches Öllämpchen heraus. Plötzlich aber stutzten sie: Im untersten Fach hatte einer von ihnen ein merkwürdiges Paket entdeckt. Was war wohl darin? Die Brüder traten herzu, sie wickelten das Paket aus, traten unter die Lampe – wie groß war ihr Erstaunen, als sie nichts anderes in Händen hielten, als ein altes, vertrocknetes Stück Brot! Ratlos sahen sie einander an. Warum hatte wohl der Vater diesen alten, halben Brotlaib so sorgfältig in seinem schönen Glasschrank aufbewahrt?

Sie fragten des Vaters treue Haushälterin. Und die brauchte sich nicht lange zu besinnen. Mit Tränen in den Augen erzählte sie: Es war in den Hungerjahren nach dem Weltkrieg gewesen, da hatte der alte Herr einmal schwer krank darniedergelegen. Er hatte eigentlich keine richtige Krankheit gehabt, sondern er war – Tag und Nacht unterwegs, bei Wind und Wetter und schlechter Ernährung, wie das damals eben so war – total erschöpft zusammengebrochen, sodass die Ärzte bedenklich die Stirn runzelten und etwas von Ruhe und vor allem von kräftiger, stärkender Kost murmelten. Aber woher die nehmen? Da hatte ganz unerwartet ein Bekannter einen halben Brotlaib gebracht mit dem Wunsch, der Herr Doktor möge ihn sich schmecken lassen und bald wieder zu Kräften kommen; es sei gutes, schwarzes Schrotbrot, das er von einem Besatzungssoldaten für eine Gefälligkeit bekommen habe.

Zu der gleichen Zeit aber hatte im Nachbarhaus die kleine Tochter des Lehrers krank gelegen, und der Herr Doktor hatte zu seiner Haushälterin gesagt: »Geh, bring das Brot hinüber, was liegt an mir altem Mann, das Kind dort braucht's nötiger als ich!« Wie sich aber später herausstellte, hatten auch die Lehrersleute das Brot nicht behalten, sondern der alten Flüchtlingsfrau eine Freude damit machen wollen, die in ihrem Dachstübchen ein Notquartier gefunden hatte. Aber auch damit war die seltsame Reise des Brotes noch nicht zu Ende: Die Alte mochte ebenfalls nicht davon essen, sondern trug es eilig zu ihrer Tochter, die nicht weit von ihr mit ihren zwei Kindern in einer kümmerlichen Kellerwohnung Zuflucht gefunden hatte. Und diese schließlich dachte sogleich an den guten Herrn Doktor, der erst kürzlich ihren Buben so freundlich behandelt hatte, noch dazu, ohne sich bezahlen zu lassen; sie hatte nämlich gehört, dass dieser gute Mann jetzt selbst krank und schwach daheim liege. Was hatte sie jetzt doch für eine gute Gelegenheit, ihm ein wenig zu helfen, und sich damit bei ihm zu bedanken! So nahm sie das halbe Brot unter den Arm und ging damit schnurstracks zum Doktorhaus. »Wir haben das Brot sofort wieder erkannt«, schloss die alte Haushälterin ihre Erzählung, »an dem Einwickelpapier, in dem es immer noch steckte.« Als der alte Doktor aber sein eigenes Brot wieder in Händen hielt, hatte er tief bewegt zu seiner Haushälterin gesagt: »Solange noch solche Liebe unter uns ist, die ihr letztes Stück Brot teilt, solange habe ich keine Furcht um uns alle. Wir wollen den Laib gut aufheben, und wenn wir einmal kleinmütig werden, dann müssen wir ihn nur anschauen: *Dieses Brot hat viele Menschen satt gemacht, ohne dass ein einziger davon gegessen hat!*«

- **4.6. Biblischer Impuls: Jesus, Brot des Lebens (Johannes 6,35)**
(ein großes Brot während der Andacht zeigen)
Brot! Wer beachtet es heute noch als etwas Kostbares? Es ist etwas ganz Gewöhnliches, Alltägliches, völlig Selbstverständliches für uns geworden.

Wussten Sie, dass wir in der Bundesrepublik Deutschland etwa 300 verschiedene Brotsorten haben? Brot gehört zu unseren Hauptnahrungsmitteln. Es steht jeden Tag bei unseren Mahlzeiten auf dem Tisch. Eine Lehrerin ließ ihre Erstklässler aufmalen, wofür sie Gott danken können.

Die Kinder gingen mit Eifer ans Werk und malten Nüsse, Erdbeeren, Trauben, Nudeln, Möhren, Kiwis und vieles mehr, aber Brot? Brot malten sie nicht!

Auf das Fehlen des Brotes hin angesprochen, meinten sie verlegen: Ach so, ach ja, Brot, Brot haben wir doch immer!

Viele Menschen kennen noch Kriegs- und Hungerjahre und wissen, dass Brot gar nicht so selbstverständlich ist. Was gaben Menschen in den Hungerzeiten nicht alles her für einen Laib Brot! Wir wollen uns heute darauf besinnen, wie kostbar Brot für unser Leben ist. Und was es bedeutet, was Jesus Christus sagt: »Ich bin das Brot des Lebens! Wer zu mir kommt, den wird nicht hungern!« (Johannes 6,35). In der Bibel bezeichnet sich Jesus selbst als Brot des Lebens.

Der leibliche Hunger
Es wird nach Brot gehungert in der Welt. Jeden Tag denken Millionen von Menschen nur eins: Was könnte ich essen? Welch ein Leckerbissen wäre ein Stück Brot!

Brot steht in Verbindung mit Gott dem Geber aller Gaben. Ich danke ihm für das Brot und denke an die vielen Menschen in der Welt, die nicht genug Brot haben.

Der Lebenshunger
Auch bei uns wird gehungert. Bei vollen Mägen, bei vollen Regalen im Supermarkt, bei vollen Geldtaschen. Als die Esswelle vorbei war, kam die Einrichtungswelle und dann die Reisewelle. Aber satt sind die Menschen immer noch nicht!

Die Unzufriedenheit treibt zu immer neuen Ausgaben.

Der Lebenshunger ist groß

Trotz hohem Lebensstandard überlegt man, was muss ich noch anschaffen, unternehmen, ausprobieren, genießen, damit ich überhaupt etwas vom Leben habe?

Viele Menschen fiebern geradezu von einer Anschaffung zur anderen. Als wäre die Lebenserfüllung im Kaufhaus zu haben. Jeder hat schon die Erfahrung gemacht: Auch wenn ich mir das Wertvollste anschaffe, das alles sättigt nicht das Leben. Das Herz bleibt leer. Selbst wenn ich alles habe. Immer noch ist Hunger da!

Der Hunger nach Leben sitzt tief. Jesus sagt: Ich bin das Brot des Lebens! Er allein stillt unseren Lebenshunger. Er schenkt Liebe, Friede, Erfüllung, Annahme, Geborgenheit, Fürsorge, Hoffnung, Erlösung und ewiges Leben. Um satt zu werden brauchen wir Jesus, das Lebensbrot. Jesus sagt: »Ich bin das Brot des Lebens. Wer an mich glaubt, den wird nicht mehr hungern.« Aber kann man Jesus wie Brot essen? Mit diesem Satz stellt er sich vor uns hin, als der, der uns mit seinem Leben und Sein satt macht. Nur bei ihm wird aller Lebenshunger gestillt. Jesus lädt ein, täglich auf ihn zu hören. Er redet durch die Bibel zu uns. Wir können ihm alles sagen, was uns bewegt. Jesus gibt Lebenshilfe und Lebenswegweisung für alle Tage unseres Lebens; darum bezeichnet er sich als Brot. So wie wir jeden Tag das Brot zum Leben brauchen, so brauchen wir auch Jesus und sein Wort an jedem neuen Tag zur Stärkung, zum Trost und zur Kraftquelle.

- *Fragen zur Vertiefung:*

✗ Was bedeutet Brot in meinem Leben?
✗ Was ist für mich lebensnotwendig?
✗ Was macht mein Leben lebenswert?

Angelika Rühle

Weihnachten heißt: Dahinter schauen

Zielgruppe: Frauen jeden Alters
Personenzahl: keine Begrenzung
Ort: innen

➤ Grundidee

Ein übergroßer »Adventskalender« bestehend aus 24 Türen wird im Raum aufgehängt.

Hinter jeder Tür verbirgt sich ein Programmpunkt. Nacheinander wird ein Türchen des Kalenders geöffnet und darin wird der nächste »Programmpunkt« des Abends angekündigt.

Das Thema »dahinter schauen« kommt zum Zug, weil erstens Gegenstände aus der Weihnachtszeit kurz gedeutet und erläutert werden und zweitens Sinn des Weihnachtsfestes ist, dahinter zu schauen, welches Geheimnis Gottes uns offenbart wird in der Menschwerdung von Jesus. Dahinter schauen, dass es Gottes Liebe zu uns Menschen ist, die ihn dazu antreibt, uns Jesus zu schenken.

➤ Vorbereitung

1. Zugegeben, es bedeutet schon etwas Arbeit, 24 übergroße Türen auszuschneiden und innen zu gestalten. Es wirkt jedoch großartig und festlich!
   Wer eine einfachere Variante sucht, kann einen gekauften Schokoladenkalender von hinten (bzw. von der Seite her) entleeren und in die leer

gewordenen Formen die Programmpunkte auf kleinen Zetteln einfügen.

2. Auf den Innenseiten der Türen oder auf den Zetteln befinden sich Symbole, Zeichen und Bilder, die anzeigen, was die Gruppe als Nächstes unternimmt: z. B. Lieder singen, Rätsel raten, über etwas sprechen, zuhören bei Gedanken über Weihnachtsbräuche o. Ä., ein Tee, Punsch, Gebäckpause oder Zeit für ein festliches Essen ist im Ablauf des Abends eingeplant.

3. Die 24 Programmpunkte können je nach Gruppe und Zeit beliebig abgeändert oder getauscht werden. Bei dieser Vorlage hier sollten gut 2 Stunden veranschlagt werden. Dieser Entwurf sieht ein festliches Essen zu Beginn des Abends (Tür 7) vor. Natürlich bietet sich das auch gegen Ende des Abends an, dann sollte bei den letzten Türchen das Essensymbol auftauchen.

4. Wer darf die Türchen öffnen? Vorschlag: Unter den Tellern oder Tassen befinden sich kleine Aufkleber, Sternchen o. Ä. mit den Zahlen 2-24 und die Frauen, die zufällig an diesem Platz sitzen, dürfen nach der Reihe nach jedem Programmpunkt die nächste Tür öffnen.

5. Der Ablauf des Abends ist ausformuliert. Die einzelnen Symbole, Bilder und Rätsel (Auflistung s. Anhang) können z. B. aus dem Internet heruntergeladen werden; ebenso sind auch Fotos oder Ausschnitte aus Zeitschriften etc. möglich. Ich wünsche allen, die mit ihren Frauengruppen diesen Abend feiern, einen schönen und gesegneten Weihnachtsabend.

➤ **Ablauf**
Begrüßung durch Moderatorin des Abends (= Tür 1)
Ich möchte Sie herzlich heute Abend zu diesem weihnachtlichen Fest begrüßen. Dass es spannend wird, sehen Sie schon an der heutigen Dekoration. Hier im Raum hängen 24 verschlossene Türchen und Sie alle wissen, was diese in der Adventszeit bedeuten sollen: Das lange Warten auf den Heiligen Abend soll verkürzt werden. Vielleicht sagt so

manche unter Ihnen: Ich warte gar nicht lange, sondern die Zeit vor Weihnachten rast viel zu schnell. Das mag sein, und dennoch freuen sich selbst Erwachsene über Adventskalender: freuen sich über kleine Überraschungen, die zur großen Überraschung – zur großen Freude – hinführen sollen. Kleine Geheimnisse sollen Vorboten und Vorfreude sein auf das große Geheimnis Gottes, das sich in der Menschwerdung von Jesus verbirgt.

Ich öffne nun das erste Türchen. Dahinter findet sich eine Erklärung zu diesem gesamten Abend.

Tür 1: *Briefumschlag* (siehe M1)

Tür 2: *Musik* ist ein wesentliches Element der Weihnachtszeit, sie dient zur Einstimmung in die Festzeit. Hausmusik lebt wieder auf, Flöten werden aus den Schränken geholt und so manches zerfledderte Quempas-Heft tut jährlich seinen treuen Dienst.

Auch wir wollen heute dies praktizieren und mehrere Lieder miteinander singen. Das erste davon finden Sie auf dem *Liedblatt* (vorgetragenes Musikstück als Alternative).

Tür 3: Die Advents- und Weihnachtszeit ist die Zeit der Begegnungen. Manche Menschen oder Verwandte trifft man regelmäßig eben dann. Die *Hände* symbolisieren diese Begegnungen. Aber auch wir feiern heute Abend Begegnung: Begrüßen Sie doch Ihre Nachbarin nochmals recht herzlich und verraten Sie ihr in wenigen Worten entweder Ihr schönstes Weihnachtsgeschenk, das Sie machen oder Ihren größten Weihnachtswunsch.

Tür 4: Bevor die Nächste die Tür Nr. 4 öffnen darf, gibt es eine Rätselfrage:
Rätsel: Welche Lieder sprechen denn von Türen in der Weihnachtszeit? (Macht hoch die Tür, Kling Glöckchen, Lobt Gott …) »Macht hoch die Tür« als Lied eingeklebt.

Tür 5: Wir wollen gleich praktisch davon auch singen: Öffnet mir die Türen, lasst mich nicht erfrieren. *(singen)*

Tür 6: Wer am Weihnachtskalender je die Nr. 6 aufgemacht hat, ahnt meist, was hinter dieser Tür steckt. Richtig, der *Nikolaus*. Es gibt so viele *Fragen* über diesen ungewöhnlichen Mann. Kennen Sie sich aus? (siehe Anhang M 2)

Tür 7: *Weihnachtsessen*
Zu den festlichen Tagen um Weihnachten gehört schon seit jeher das Essen. Doch während wir schon im Advent von den leckeren Sachen schlemmen und naschen, ist uns gar nicht mehr bewusst, dass früher die Zeit vor Weihnachten eigentlich eine Fastenzeit war. Als Vorbereitung zum echten Festgenuss diente das Fasten.

Heutzutage hält sich kaum jemand an die alte Tradition, es ist meistens umgekehrt: wir fasten nach den Weihnachtstagen.

Sicher wissen Sie, dass die traditionellen Weihnachtsfestessen mit Hase, Karpfen und Gans bestückt waren. Das hat seinen Ursprung darin, dass Weihnachten die ganze Welt, unseren ganzen Lebenskreis angeht und betrifft. Die Tiere galten als Vertreter von Erde, Wasser und Luft.

Für heute gilt die Einladung zu feiern und uns zu freuen! Deshalb verbirgt sich hinter diesem Türchen die Ankündigung zum Essen.

Nach unserem Festessen werden wir weitere Türchen öffnen.

Tür 8: *Nüsse*
Keine Weihnachtszeit ohne Nüsse und Mandelkerne!
Ist uns bewusst, dass selbst Nüsse ihre eigene Botschaft tragen?
Nüsse haben einen Zusammenhang mit der Weihnachtsbotschaft. Im Mittelalter versteckte man hinter den Backzutaten eine Bedeutung, die auf das Weihnachtsgeheimnis hindeutete:

Ein wohlschmeckender, nahrhafter Kern ist von einer – manchmal ärgerlich harten – Schale umgeben. Der Kern ist vor unseren Augen verborgen, man kann den süßen Kern nur gewinnen, wenn man durch die Schale hindurchdringt.

So ist es auch mit der Weihnachtsbotschaft: Viele Schalen legen sich um sie herum. Fast undurchdringlich hart erscheinen sie manchem: »Geschichten aus alter Zeit« oder »Es sind doch nur Legenden!« oder »Was soll die alte Geschichte von einem kleinen Kind?« Wer diese Schalen knackt, wer zum Kern durchdringt, erkennt den wundervollen, wertvollen Kern. Das kostbare Weihnachtsgeschehen ist verborgen im armseligen Stall von Bethlehem.

Tür 9: *Tannengrün*

Könnten wir uns Weihnachten vorstellen ohne das duftende Tannengrün, ohne Weihnachtsbaum und Adventskranz?

Wie der Adventskranz entstand?

Es begann im November 1833: Johann Hinrich Wichern eröffnete das Rauhe Haus in Hamburg. Die meisten Menschen lebten unter schlimmsten Bedingungen: Schmutzige Hinterhöfe, zu kleine Wohnungen, miserable Verdienstmöglichkeiten. Väter, die selbst bis zu 14 Stunden am Tag arbeiteten, konnten ihre Familien nicht ernähren. Die Arbeitslosigkeit war so hoch, dass für viele nur noch das Betteln oder die Kriminalität blieb – im schlimmsten Fall der Hungertod.

Am meisten litten die Kinder: zerrüttete Familien, trunksüchtige Väter, bittere Armut und Stehlen gehörte zu ihrem Alltag. Kinderarbeit, oft bis zu 15 Stunden täglich, war keine Seltenheit.

Wichern, Pfarrer in Hamburg, war mit diesen Problemen konfrontiert. Er hegte eine unglaubliche Liebe zu den elenden Kindern, angespornt durch den Glauben an Christus. Er begann, gegen das Elend zu kämpfen.

Mit seiner Mutter, seiner Frau und Freunden gründete er für vernachlässigte Jugendliche das »Rauhe Haus«, d.h. eine Einrichtung, in der die verwahrlosten Kinder eine Heimat finden konnten. Fest in den Tagesablauf des Hauses war eine Andacht integriert. Im Advent 1839 lies Wichern zu den Abendandachten 24 Kerzen auf einen runden Holzreifen aufstecken. Große weiße Kerzen für die Sonntage und kleine rote für die Werktage. Jeden Tag konnten die Kinder ein Lichtlein mehr anzünden und die Vorfreude auf das Fest wuchs.

In den ersten Jahren schmückten die Mitarbeiter von Wichern nur die Wände des Raumes mit frischem Grün, später, 1860, wurde es Brauch, den Kranz selbst zu umwinden. Der Adventskranz war erfunden und er sprach sich sehr schnell herum, allerdings nur mit vier Kerzen, die kleineren roten sind nur im Rauhen Haus Tradition.

Tür 10: *Strohstern*
Ein Stern aus Stroh: Woher kommt diese Sitte, sich Strohsterne aufzuhängen? Welche Bedeutung haben Sterne aus Stroh?
Bei jedem Stern können wir daran denken: ein Stern war Wegweiser zum Krippenkind. Der Stern aus Stroh sagt: Ich weise euch hin auf den Ort der Armut, dort, wo das Kind lag: im Stroh des Stalles fing alles an.

Tür 11: *Da läuft einem beim Öffnen das Wasser im Mund zusammen: das Hutzelbrot oder Früchtebrot.*
Wussten Sie, dass man es entweder aus sieben oder aus neun Zutaten backt? Die 7 und 9 sind besondere Zahlen, die oft in Geschichten oder in alten Bräuchen auftauchen.
In sieben Tagen erschuf Gott Himmel und Erde.
Immer nach sieben Tagen beginnt eine neue Woche mit dem Sonntag.
Dieser Sonntag sagt: So wie der erste, so soll jeder Tag durchdrungen sein vom Worte Gottes, der rechten Würze unseres Lebens. Deshalb sieben!
Manchmal auch neun: dreimal drei:
Drei: Zahl der göttlichen Vollendung.
Man dachte an Erde, Wasser und Luft –
an Himmel, Erde und Hölle –
an Vater, Sohn und Heiliger Geist –
und in allem sah man die höchste Vollendung.
So gut schmeckt, was Gott tut, wenn er es vollendet hat.

Tür 12: *Glaskugeln*
Kugeln, rund aus Glas, manche bunt, manche golden oder silbern, sie schmücken damit ganz selbstverständlich unseren Baum und wir hängen Silberfäden über seine Äste.
Der Schmuck am Baum lenkt unsere Gedanken hin zu den drei Weisen, die einst aus weiter Ferne kamen, die Christus suchten und auch fanden. Das Wertvollste, was sie besaßen, brachten sie mit: Gold, Weihrauch und Myrrhe. Früher dachte man daran, als man den Weihnachtsbaum zu schmücken anfing: Dass Christus unser Kostbarstes gehören solle; Gold, Silber und Edelsteine.

Das sollen die bunten Kugeln und das silberne Lametta an den Zweigen darstellen. Es sagen Kugeln und Lametta zu uns Menschen: Was sind wir bereit, für Christus an Kostbarem zu geben? Goldreif oder Geldschein? Was ist das Beste, das ich habe? Das Kind in der Krippe bittet: Schenk mir dein Herz, dein Leben.

Tür 13: Trompetenklänge erinnern uns, dass wir die Musik im Advent nicht vernachlässigen dürfen und deshalb werden wir ein weiteres *Lied* singen.

Tür 14: *Plätzchen backen*
In einer kurzen Gesprächspause können Sie mit Ihrer Nachbarin ins Gespräch kommen: über Ihre Lieblingsplätzchen, Ihr neuestes Plätzchenrezept oder ob in Ihrer Familie Weihnachtsmäuse Plätzchen naschen …

Tür 15: *Engel*
Der Engel – geheimnisvolle Gestalt der Weihnachtsgeschichte. Was wäre Weihnachten ohne ihn? Der Engel ist der, der das Unsagbare benennt, der das Unerklärbare sagt, der das Verhüllte aufdeckt. Ohne sein Erscheinen wäre das Kind in der Krippe nur ein Kind der Armut geblieben. Aber seine Stimme, sein Auftreten gab bekannt: Euch ist heute der geboren, der Heil bringt. Geht hin und schaut!
Engel – gab es nicht nur damals. Gottes Engel haben gewiss nicht immer Flügel. Aber sie haben Stimmen. Man kann sie hören.
Wenn ich einen Engel sehe, in welcher Form und Gestalt auch immer, am Weihnachtsbaum oder über einer Krippe, will ich daran denken:
Gottes Engel haben Stimmen. Man kann sie auch heute noch hören. Und sie bringen die beste Botschaft aller Zeiten mit sich: Euch ist der Heiland geboren!

Tür 16: *Weihnachtsglocken*
Manche sind aus Stroh, auf dem Weihnachtsmarkt sind sie als Bündel zusammengebunden zu finden.
Glocken läuten die Weihnacht ein; Glocken rufen.

Weit über das Land hin tönen sie und rufen Menschen zusammen.
Alte und Junge, Gesunde und Kranke, Familien und Alleinstehende, Fröhliche und Traurige:

Allen muss es gesagt werden, was die Weihnacht zu sagen hat: »In Jesus, dem Christkind, kommt Gottes Hilfe, Gottes Rettung.« Deshalb die Glocken.

Tür 17: *Geschenke*

Geschenke – jedes Jahr eine bunte Vielfalt an Gaben. Sind sie von der Liebe ausgewählt?

Gab es das: sich hineindenken in andere, sich einfühlen in sie, herausfinden, was Freude macht? Nicht das Große, das Kleine wird bedeutsam – das, was unser Herz entdeckt hat.

Geben üben und eine Gabe annehmen lernen. Beides ist in gleicher Weise wichtig. Nicht nur in der Weihnachtszeit.

Sicher beklagen wir das »Geschäft mit Weihnachten« oder wir empfinden das Schenken schnell als unangenehmen Zwang. Mir jedoch macht es Freude zu schenken und beschenkt zu werden. Zeitweise wird den Kindern beim Anblick der Geschenke gesagt: »Das hat dir das Christkind gebracht!« Dieser Satz ist an sich nicht schlecht, auch wenn er so nicht stimmt. Doch er macht deutlich: Alles, was wir da tun, alle Geschenke hängen zutiefst mit dem Christuskind zusammen.

Tür 18: *Kerzen*

Erst seit dem 19. Jahrhundert kennt man die Kerzen am Baum. 1818 wurde das künstliche Stearin und 1830 das billigere Paraffin erfunden. Von da an wurde es populär, Kerzen an den Baum zu stecken. Ab 1870 gab es dann die Klemmhalter, die die Befestigung erleichterten.

Kerzen am Baum sind nicht nur schön, geben Geborgenheit und Wärme, sondern haben auch einen tieferen Sinn. Sie machen das Dunkle hell und erinnern daran, dass Jesus von sich sagte: »Ich bin das Licht der Welt, wer mir nachfolgt, wird nicht wandeln in der Finsternis.« Ursprüngliche Farbe der Kerzen war nur rot, in Erinnerung an das Blut von Jesus, das er am Kreuz vergoss.

Tür 19: *Lied*

Tür 20: *Christrose*

In manchen Gegenden wird der Weihnachtsbaum mit den weißen Blüten geschmückt.

Die Christrose, die zur Weihnachtszeit blüht, wird auch schwarze Nieswurz genannt. Sie enthält einen giftigen Wurzelsaft. Dieser Saft wurde früher sorgfältig ausgepresst und war ein wirksames Gegenmittel bei Vergiftungen – besonders nach Schlangenbissen. Unsere Vorfahren gaben der Pflanze vielleicht auch deshalb den Namen Christrose, weil sie darauf aufmerksam machen wollten, dass Christus das Mittel gegen den Tod und finstere Mächte ist. Er kann neues Leben schenken, wenn unser Leben im Kern vergiftet ist.

Tür 21: *Pfefferkuchen*

Der Name Pfefferkuchen stammt aus dem Hochmittelalter. Damals begann der Gewürzhandel mit dem Morgenland. Von allen Gewürzen war Pfeffer am meisten begehrt, aber wohl auch das teuerste Gewürz. Von da an wurden alle morgenländischen Gewürze als Pfeffer bezeichnet. Da diese Gewürze auf mühsamen Wegen herangeschafft wurden, waren sie insgesamt sehr teuer und konnten nur zu Festtagen gekauft und verwendet werden. In der Weihnachtszeit wurde damit aber nicht gespart. Ein altes Lebkuchenrezept von 1660 aus einem bayrischen Kloster fordert 300 Gramm Gewürze auf 3 Pfund Mehl.

Tür 22: *Ochs und Esel*

Schon sehr früh tauchten Ochs und Esel in den weihnachtlichen Krippendarstellungen auf. Ob sie tatsächlich an der Krippe standen, ist biblisch nicht gesichert. Allerdings sind auch sie Hinweise auf das weihnachtliche Geschehen:

Denn Jesaja formulierte: Ein Ochse kennt seinen Herrn und ein Esel die Krippe seines Herrn. Er spielt darauf an, dass die Zeitgenossen von Jesus nicht erkannten, wer in Gestalt des Kindes kam.

Des Weiteren könnte mit den zwei Tieren gemeint sein: Juden und Heiden sollen beide an der Krippe stehen. Für alle Völker kam das Kind. Bis heute jedoch hält sich dieses Motiv der beiden Tiere an der Krippe aufrecht.

Tür 23: *Marzipan*
Wie lieben wir es: das Marzipan.
Seit fast tausend Jahren ist das Marzipan bei uns in Europa bekannt. Wahrscheinlich in Persien beheimatet, brachten es die Kreuzritter als edle Delikatesse aus dem Orient mit. Damals wurde es noch mit Myrrhe hergestellt – in Erinnerung an die Geschenke der Weisen aus dem Morgenland (Gold / Weihrauch / Myrrhe). Nach einem Weihnachtsgottesdienst wurde Myrrhenkonfekt verteilt. Den Kreuzfahrern schmeckte es so gut, dass sie etwas davon als Souvenir mit nach Hause nahmen. Venezianische Händler sicherten sich bald darauf das Monopol der Myrrheneinfuhr. Am Markusplatz in Venedig lagerte man die Myrrhe in Gewölben und verarbeitete es dort zu Konfekt. Daher kommt auch der Name: Markusbrot, lateinisch »marci panis«.
Heute wird Marzipan ohne Myrrhe nur noch aus geriebenen Mandeln, Zucker und Rosenwasser hergestellt. Seit dem 19. Jahrhundert kommt das bekannteste Marzipan aus Lübeck.

Tür 24: *Krippenbild*
Heiligabend. Nun ist es so weit.
Ursprünglich war der eigentliche Feiertag erst der 25. Dezember.
Der Brauch, den Abend vor dem eigentlichen Weihnachtsfeiertag festlich zu begehen, hat sich erst in der Zeit nach dem ersten Weltkrieg durchgesetzt. Eingeführt wurde dies vor allem durch die Flüchtlinge und Umsiedler aus dem Osten Europas. Dort wurde in vielen Gegenden am Abend vor dem Weihnachtsgottesdienst um Mitternacht ein Lichtergottesdienst gefeiert. Am Schluss des Gottesdienstes durfte sich jeder eine Kerze an den Kerzen am Altar oder am Baum anzünden und mit nach Hause nehmen.
Vielerorts wurde dieser Gottesdienst auch die »Lichtleskirche« genannt.
Inzwischen ist es allgemein üblich geworden, dass am Abend des 24. Dezember Gottesdienste gefeiert werden.
Wenn Sie in wenigen Tagen zu Hause an diesem Türchen oder Kalenderdatum stehen, dann wünsche ich Ihnen eine tiefe Freude an dem Wissen: Dieses Kind, das wir mit so vielen Bräuchen und Gesten und Taten begrüßen, will auch bei Ihnen, in Ihrem Leben einkehren mit

seinem Leben und seiner Hilfe und seinem Segen. In diesem Sinne wünsche ich Ihnen gesegnete und frohe Festtage.

➤ Anhang

Vorschläge für Symbole und Bilder hinter den Türen:

1. Briefumschlag
2. Trompeten
3. Hände
4. Rätsel (Fragezeichen)
5. Lied
6. Nikolaus
7. Weihnachtsessen / Teepause (Teller oder Tassen etc.)
8. Nüsse
9. Tannengrün
10. Strohstern
11. Früchtebrot
12. Glaskugeln
13. Lied
14. Plätzchen
15. Engel
16. Weihnachtsglocken
17. Geschenke
18. Kerzen
19. Lied
20. Christrose
21. Pfefferkuchen
22. Ochs und Esel
23. Marzipan
24. Krippenbild

M 1:

Liebe Frauen!
Was verbirgt sich nicht alles an Geheimnissen hinter den verschlossenen Türen im Advent: Heute dürfen auch Sie Türen öffnen. Unter manchen Tellern verbirgt sich eine Zahl. Jede Frau, die eine Zahl findet, darf

heute hier der Reihe nach ein Türchen öffnen. Diese Türchen weisen uns kunterbunt durch diesen Abend und lassen uns so hinter manche adventliche und weihnachtliche Bräuche, Symbole und Gepflogenheiten blicken. »Dahinter blicken« ist unser Thema für heute.
So probieren wir gleich den Test: Wer die Nr. 2 unter seinem Teller findet, darf nach vorne kommen und das Türchen öffnen.

M 2:
Fragen zum Nikolaus:
a. Wer war Nikolaus? Der erste Weihnachtsmann, ein Kirchenfürst oder ein *Bischof*?
b. Wo lebte Nikolaus: In Smyrna, *Myra* oder Lyra?
c. Was hatte Nikolaus an, wenn er den Menschen Gutes tat? Seinen Pelzmantel, seinen Regenmantel, seinen *Schiffermantel*?
d. Auf wen oder was warteten die Einwohner der Stadt? Auf *Getreideschiffe*, auf die Galeeren oder auf Care-Pakete?
e. Wer blockierte den Hafen? Soldaten, *Seeräuber* oder die Wikinger?
f. Was wollten die Belagerer mit den Kindern machen? Zur Schule schicken, als Matrosen ausbilden, *als Sklaven verkaufen*?
g. Was für ein Lösegeld zahlte Nikolaus? Goldbarren, Diamanten und Edelstein, *Goldkreuze und Altargeräte*?
h. Ist der 6. Dezember der Geburtstag von Nikolaus, der Namenstag oder der *Todestag*?

M 3:
Liedvorschläge für ein Liedblatt:
✗ Alle Jahre wieder kommt das Christuskind
✗ Was soll das bedeuten, es taget ja schon
✗ Fröhlich soll mein Herze springen
✗ Hört der Engel helle Lieder
✗ Kling, Glöckchen klingelingeling
✗ Macht hoch die Tür, die Tor macht weit

➤ **Verwendete Literatur:**
C. Mack · Das große Buch von Weihnachten · Hänssler Verlag

Rosemarie Baier

Der Weg zur Krippe

Zielgruppe: Frauen jeden Alters, gut zu Fuß
Personenzahl: keine Begrenzung
Ort: innen oder außen
(wenn Wetter und körperliche Konstitutionen der Frauen es zulassen)

➤ Ziel

Frauen sollen Texte aus Lukas 1-2 und Matthäus 2 erleben und mitgestalten.
Die einzelnen Stationen führen zur Mitte der Weihnachtsgeschichte, zur Geburt des Erlösers.
Je nach Wetter kann man verschiedene Stationen auch im Freien aufbauen.
Hat man genügend Zeit zur Verfügung, können die Frauen in Gruppen den Weg vorbereiten, den man anschließend gemeinsam geht (Aufgaben für die Gruppe).

➤ Stationen

• **1. Ankündigung der Geburt von Jesus** (Lukas 1,26-38)
Maria war offen für Gottes Reden. Sie war bereit, ihr Leben mit allen Wünschen, Sorgen und Ängsten Gott anzuvertrauen.
Eine kleine Spielszene soll dazu dienen, Marias Situation nachzuempfinden.
Ziel: Die Frauen sollen ermutigt werden, auf Gott zu hören. Sie sollen

verstehen, dass Gottes Plan für ihr Leben gut ist und dass es sich lohnt, ihm zu vertrauen.
Material: Tücher und Gegenstände aus dem Alltag der Frau.
Bilder, Texte, Gebete zum Thema »Auf Gott hören«.
Aufgabe für die Gruppe: Szene gestalten und Anspiel einüben (Text siehe Anlage).

• **2. Maria bei Elisabeth** (Lukas 1,39-56)
Elisabeth konnte Maria verstehen, denn auch ihre Schwangerschaft war ein Wunder Gottes. Bestimmt hat sie Maria für den ungewissen Weg, der vor ihr lag, ermutigt.
Ziel: Die Frauen sollen sich an Menschen erinnern, die sie in ihrem Leben unterstützt und ermutigt haben. Sie bekommen eine schön gestaltete Karte. Mit dieser Karte können sie der Ermutigerin Dankesagen. Sie können die Karte auch an jemand weitergeben, der sich gerade in einer schwierigen Situation befindet.
Material: Karten oder Material zum Basteln von Karten (Karton, Papier, Stifte, Klebstoff, Scheren etc.)
Aufgabe für die Gruppe: Für jede Frau eine Karte basteln.

• **3. Der Weg nach Bethlehem** (Lukas 2,1-5)
Der Weg, den Maria und Josef miteinander gehen mussten, war kein leichter Weg. Auf dem Weg des Glaubens und Vertrauens sind nicht alle Schwierigkeiten ausgeräumt.
Ein Weg aus Naturmaterial und Teelichtern symbolisiert unser Leben (Zweige, Pflanzen, Beeren, Teelichter, größere und kleinere Steine).
Ziel: Die Frauen sollen über ihren Lebensweg nachdenken. Worüber können sie sich freuen? Wofür können sie Gott danken? Was ist schwer zu verstehen? Welche Sorgen und Ängste machen sich breit?
Material: Naturmaterial, Teelichter, eventuell Tücher
Aufgabe für die Gruppe: Mit dem vorhandenen Material einen Weg gestalten, der Möglichkeit zur Meditation bietet.

• **4. Die Herberge** (Lukas 2,6-7)
Eine Herberge am Weg lädt ein, innezuhalten und sich für den weiteren Weg zu stärken. Maria und Josef fanden viele Türen verschlossen. Nur

wer sich öffnet für Gott und Menschen, kann richtig Weihnachten feiern.
Die Frauen werden zu einem rustikalen »Büfett« mit Weißbrot, Oliven, Schafskäse eingeladen.
Sie bekommen ein Blatt mit einen Text (Lied), das zur Stille anleitet.
Ziel: Die Frauen sollen überlegen, für wen sie »Herberge« sein können. Sie sollen ermutigt werden, selbst immer wieder bei Gott zur Ruhe zu kommen.
Material: Hocker, Bretter, Tücher, Serviletten, Weißbrot oder Baguette, Oliven, Schafskäse.
Für jede Frau ein Blatt mit einem Lied, einem Gedicht oder einem Gebet.
Aufgabe für die Gruppe: Ein einladendes rustikales Büfett gestalten.

- **5. Besuch der Hirten** (Lukas 2,8-18)

Gott überraschte die Hirten, eine Randgruppe der Gesellschaft, mit der Botschaft: »Euch ist heute der Retter geboren!«
Ein Anspiel oder eine Leseszene soll das anschaulich machen.
Ziel: Frauen sollen verstehen, dass der Retter auch für sie geboren ist. Sie sind eingeladen zum Sohn Gottes, der ihre Fragen und Zweifel, ihre Ängste und Sorgen versteht.
Material: Kleider, Hüte, Stöcke. Im Freien kann man eventuell ein richtiges Lagerfeuer aufbauen, im Raum mit Holz, rotem und gelbem Seidenpapier ein Lagerfeuer imitieren.
Aufgabe für die Gruppe: Anspiel einüben (siehe Anhang), Szene gestalten.

- **6. Besuch der Magier bei dem Sohn Gottes** (Matthäus 2,1-12)

In aller Welt und zu allen Zeiten suchten Menschen nach dem Sinn des Lebens. Mit einer besonderen Erscheinung am Sternenhimmel ging Gottes Einladung an Menschen, die bis dahin noch nichts von ihm wussten. Es ist Gottes Wille, dass alle Menschen gerettet werden.
Ziel: Die Frauen sollen wissen, dass Gottes Liebe allen Menschen gilt. Sie sollen ermutigt werden, Gottes Liebe weiterzutragen. Ein Stern-Windlicht soll sie auch zu Hause an diese wichtige Aufgabe erinnern.
Material: Fünfecke aus Regenbogen-Transparentpapier, Scheren, Klebestifte, Teelichter.
Aufgabe für die Gruppe: Für jede Frau ein Windlicht basteln.

- **7. Die Geburt des Erlösers** (Lukas 2,6-7)
Gott wird Mensch und kommt als Kind auf diese Erde. Über dieses Wunder kann man nur staunen und Gott mit Liedern und Gebeten loben und danken.
Ziel: An der Krippe sollen sich die Frauen freuen, dass Christus Licht in diese Welt gebracht hat. Das Lob Gottes und das Staunen über das Wunder der Weihnacht soll der Höhepunkt sein. An einem großen Licht in der Krippe können die Frauen ihre kleinen Lichter anzünden, denn Jesus sagt auch: Ihr seid das Licht der Welt!
Material: Naturmaterial zum Bau einer Krippe, eine große Kerze, Liederbücher, Musikinstrumente, Orff-Instrumente etc.
Aufgabe für die Gruppe: Aus Naturmaterial eine Krippe bauen, in deren Mitte eine große Kerze kommt.

➤ Den Weg miteinander gehen

Wir wollen miteinander den Weg zur Krippe gehen. Dabei begleiten uns Personen und Begebenheiten aus der Weihnachtsgeschichte.

➔ STATION 1:

Zuerst besuchen wir Maria, eine junge Frau mit ganz normalen Wünschen und Träumen. Ihre Zukunft ist geplant, der Heiratsvertrag mit Josef unter Dach und Fach. Doch dann passiert das Unfassbare: Gott spricht in ihr Leben hinein und nichts ist mehr so, wie es war.
Anspiel: Maria (s. Anhang)
Maria lässt sich von Gott auf einen Weg führen, den sie sich niemals ausgesucht hätte. Die Zukunft liegt im Dunkeln. Maria weiß nur eins: Gott geht mit mir auf dem Weg in eine ungewisse Zukunft.
Wie reagieren wir, wenn Gott heute in unser Leben hineinredet? Sind wir bereit, auf ihn zu hören und ihm zu vertrauen?
Wir haben eine kurze Zeit der Stille. Bibelverse oder Gebete können uns dabei anleiten.

➔ STATION 2:

Maria braucht jemand, mit dem sie über alles reden kann. Sie hat den Hinweis des Engels verstanden und besucht Elisabeth. Diese Frau kann sie verstehen, denn auch ihre Schwangerschaft ist ein Wunder

Gottes. Ohne dass Maria etwas sagen muss, begrüßt sie Elisabeth mit den Worten:

»Dich hat Gott gesegnet, mehr als alle andern Frauen, dich und dein Kind. Womit habe ich verdient, dass die Mutter meines Herrn zu mir kommt! Als ich deine Stimme hörte, hüpfte das Kind in mir vor Freude. Wie glücklich kannst du sein, weil du geglaubt hast! Was Gott dir angekündigt hat, wird geschehen« (Lukas 1,42ff.; Hoffnung für alle).

Die ältere Freundin ermutigt Maria, im Vertrauen auf Gott ihren Weg zu gehen.

Auch wir brauchen Menschen, die uns verstehen und ermutigen.

Jede bekommt eine Karte.

Wir überlegen uns:

Hatte ich eine gute Freundin, die mich besonders ermutigt hat? Dann sollte ich ihr diese Karte schicken und mich für ihre Freundschaft bedanken. Wartet vielleicht jemand auf eine Ermutigung von mir? Dann kann ich dieser Person mit der Karte eine Freude machen.

Wenn jede weiß, wem sie die Karte schicken wird, gehen wir weiter.

→ STATION 3:

Der Weg nach Bethlehem ist für Maria und Josef nicht einfach. Eine Reise zu Fuß mit einer hochschwangeren Frau in ein total überfülltes Städtchen – das hat nichts mit Idylle und Romantik zu tun. Und doch ist Gott mit ihnen auf dem Weg.

»Wandle stets auf Rosen ...« Verse aus dem Poesiealbum haben nichts mit der Realität zu tun. Auch wenn wir unser Leben Gott anvertraut haben, bleiben uns Nöte und Probleme nicht erspart. Doch es gibt auch die »Blumen am Wege«. Wir brauchen nur offene Augen dafür.

Was fällt uns ein, wenn wir an die vergangenen Monate denken oder an die Zeit, die vor uns liegt?

Wer sich freut oder wer Gottes Hilfe in einer schwierigen Situation erfahren hat, kann ein Teelicht anzünden und auf den Weg stellen. Wer vor Schwierigkeiten steht oder Probleme hat, kann einen Stein nehmen und bei Gott die Last abgeben. Wer möchte, kann etwas dazu sagen oder aufschreiben.

Auch wenn wir nicht alles verstehen und nicht in die Zukunft schauen können, eins ist gewiss: Gott geht mit uns auf unserem Lebensweg.

→ **STATION 4:**

Gut, dass es am Weg auch Herbergen gibt. Maria und Josef finden nach vielen verschlossenen Türen schließlich eine bescheidene Unterkunft. Hier wird der Retter der Welt geboren, der alle einlädt, die sich abmühen und unter ihrer Last leiden (Matthäus 11,28; Hoffnung für alle): »Bei mir findet ihr, was eurem Leben Sinn und Ruhe gibt.«

Uns geht es heute gut: Der Tisch ist für uns gedeckt. Wir dürfen uns bedienen.

Wir sind aber auch eingeladen, mit allem, was uns beschäftigt, zu Jesus zu kommen. Es tut uns gut, wenn wir uns im Alltag immer wieder einige Minuten Zeit nehmen, um bei ihm einzukehren. Dann können wir uns auch öffnen und für andere »Herberge« werden. Sind wir dazu bereit?

→ **STATION 5:**

Unter ihrer Last leiden auch die Hirten. Man traut ihnen nicht über den Weg und will möglichst wenig mit ihnen zu tun haben. Und ausgerechnet diesen verachteten Menschen schickt Gott einen Engelchor, der ihnen eine unglaubliche Botschaft verkündigt: »Für euch ist heute der Retter geboren!«

Anspiel oder Leseszene: Hirtengespräch von Manfred Hausmann

Mit den Hirten wollen wir den Weg zur Krippe gehen.

→ **STATION 6:**

Auch Magier aus dem fernen Osten sind auf dem Weg zu diesem besonderen Kind. Es sind hoch gebildete Männer, Fachleute auf dem Gebiet der Medizin, der Astronomie und Astrologie. Ihre Beobachtungen am Sternenhimmel und die Sehnsucht nach einem Retter der Welt treiben sie vorwärts. Ein heller Stern am Himmel zeigt ihnen den Weg zu Jesus, dem Licht der Welt. Mit der Geburt des Retters sagt Gott: »Ich will, dass alle Menschen gerettet werden.«

Auch in unserer Zeit suchen Menschen in aller Welt nach dem Sinn ihres Lebens. Wo Gott uns solche Menschen über den Weg führt, wollen wir sie mitnehmen zu Jesus. Das Kind in der Krippe ist auch der Mann am Kreuz und der auferstandene Herr, bei dem wir alle Schuld und Sinnlosigkeit des Lebens abladen können.

→ **STATION 7:**

Mit den Hirten und Magiern und Menschen aus allen Nationen gehen wir zur Krippe. Wir singen und loben Gott, staunen über das Wunder von Weihnachten und beten unseren Erlöser an.

➤ **Zeit zum Singen, Musizieren, Hören, Beten**

Jesus sagt nicht nur: »Ich bin das Licht der Welt«, er sagt auch zu seinen Jüngern: »Ihr seid das Licht der Welt.« Wir dürfen die frohe Botschaft weitersagen.

Am großen Licht wollen wir unsere kleinen Lichter entzünden und Gott bitten, dass er auch uns dazu gebraucht, Licht in die dunkle Welt zu tragen.

➤ **Anhang**

→ **ANSPIEL: MARIA**

Szene: Maria ist mit einer typischen Hausfrauenarbeit beschäftigt. Plötzlich hört sie die Stimme des Engels.

Stimme (S): Sei gegrüßt, Maria. Gott liebt dich und hat einen einzigartigen Plan für dein Leben.

Maria (M) (*während sie weiterarbeitet*): Ja, das weiß ich und ich freue mich, dass Gott es so gut mit mir meint.

S: Darf ich dich einen Augenblick stören?

M: Na ja, wenn es sein muss, aber ich habe im Moment sehr viel zu tun. Ich plane gerade meine Traumhochzeit. Einladungen müssen verschickt werden, das Menü muss zusammengestellt werden, die Musiker sind bereits bestellt, aber mit der Dekoration und meiner Garderobe bin ich noch lange nicht fertig. Eigentlich wollte ich jetzt anfangen, unsere Wohnung einzurichten. Doch ich komme einfach nicht dazu. Ich bin ja so glücklich und dankbar für den wunderbaren Ehemann, den ich bekomme.

S: Du sollst einen Sohn bekommen.

M: Großartig! Josef und ich wünschen uns viele Kinder und dann noch ein Sohn. Ich sehe ihn schon vor mir, wie er seinem Vater hinterherrennt, weil er ihm in der Werkstatt helfen will.

S: Das Kind wird nicht Josefs Sohn sein.

M: Also erlaube mal! Ich bin ein anständiges Mädchen und ich liebe meinen Josef von ganzem Herzen. Wie käme ich dazu, mich mit einem anderen Mann einzulassen. Außerdem steht auf Ehebruch die Todesstrafe. Nein, daran würde ich nicht im Traum denken.

S: Das Kind, das du bekommst, wird keinen irdischen Vater haben. Gott selbst wird sein Vater sein.

M: Wie soll das denn zugehen? Das gibt es doch gar nicht.

S: Gottes Geist wird in deinem Leib ein Kind heranwachsen lassen.

M: Gottes Geist? Gottes Geist – wer glaubt schon so etwas? Wie stehe ich da? Mit Fingern werden sie auf mich zeigen und über mich tuscheln. Und was wird Josef dazu sagen? Was wird er von mir denken? Was wird nun aus der Hochzeit, auf die ich mich schon so lange gefreut habe und aus unserem gemütlichen Zuhause? Ich sehe keinen Ausweg. Gott, warum gerade ich? Ich bin doch nichts Besonderes, warum nur ich?

S: Gott wird sich um alles kümmern, vertraue ihm.

M: Gott, du bringst alle meine Träume und Pläne durcheinander. Ich habe Angst vor der unbekannten Zukunft. *(Pause)*
   Und doch staune ich, dass du mit mir deinen Plan verwirklichen willst. *(Pause)* Okay, ich bin einverstanden.
   (Maria denkt nach, schüttelt verwundert den Kopf)
Wache ich oder träume ich? War das wirklich Gott, der zu mir geredet

hat? Was hat Gott mit mir vor und auf was habe ich mich da eingelassen? Soll ich mich freuen? Ich habe Angst und ich bin traurig. Josef, mein geliebter Freund, wie tief muss es dich verletzen, wenn ich ein Kind erwarte und du bist nicht der Vater. Alles habe ich bis jetzt mir dir besprechen können, aber du wirst mir nicht glauben und mich nicht verstehen. Wirst du mich verlassen oder wirst du mich am Ende vor Gericht bringen?

(*betet*) O Gott, ich bin darauf angewiesen, dass du mir den Weg zeigst, Schritt für Schritt.

→ WEITERE MÖGLICHKEIT:
Manfred Hausmann
Das Hirtengespräch
Bezugsadresse: Arbeitsgemeinschaft Evangelikaler Missionen e.V.,
Buchshop
Hindenburgstraße 36
70835 Korntal
Tel.: 07 11/8 39 65-32
Fax: 07 11/8 39 65-29
E-Mail: aem@aem.de

Barbara Daxer, Sigrid Erbes-Bürkle,
Irene Kürtz, Gabriele Ulmer,
Marliese Walz

In die Nacht – dem Tag entgegen
Liturgische Nachtwanderung

Zielgruppe: Frauen (und Männer) jeden Alters (gut zu Fuß)
Personenzahl: keine Begrenzung
Ort: außen und in Kirchen oder Gemeinderäumen (div.)
Wegstrecke: Je nach Zeit und Gehfähigkeit variabel – die vorliegende Wanderung dauerte brutto 5 Stunden (18.00-23.00 Uhr), die Strecke betrug 12 km.

Zur Vorbereitung ist es wichtig, die Kirchen rechtzeitig zu reservieren bzw. die Zeiten mit den örtl. Pfarrern abzusprechen, für Verpflegung, Musik, anderes Material (Fackeln, Streichhölzer) zu sorgen, Verantwortliche einzuteilen.

➤ 1. Station
- *In einer Kirche – Thema: »Licht – Quelle des Lebens«*

- *Musik*

- *Begrüßung* (Organisatorisches)

- *Lied*, das durch die Nacht begleitet: Gottes Wort ist wie Licht in der Nacht

- **Meditation** (B. Daxer)

  Aus dem Licht des Tages heraus wandern wir in die Nacht.
  Im Dunkel der Nacht geht unser Weg dem Tag entgegen.
  In Licht eingebettet ist die Nacht;
  vom Licht leben wir, wenn wir »im Finstern tappen«.
  Vom Licht zum Licht durch das Dunkel der Nacht;
  denn: *Licht ist die Quelle des Lebens.*

- **Lesung**

  »Und Gott sprach: Es werde Licht! Und es ward Licht. Und Gott sah, dass das Licht gut war. Da schied Gott das Licht von der Finsternis und nannte das Licht Tag und die Finsternis Nacht. Da ward aus Abend und Morgen der erste Tag« (1. Mose 1,3-5).

  Die Quelle
  Die Quelle ist der Anfang.
  Am Anfang ist Gott – Gott ist die Quelle.
  Am Anfang schuf Gott das Licht;
  Licht ist die erste Schöpfung.

  Am Anfang jeden Lebens:
  die Geburt ins Licht.
  Licht ist der erste Schock:
  Geblendet, fröstelnd, erschrocken und schreiend –
  gezwungen zum ersten Atemzug,
  gezwungen, uns dem Licht zu stellen,
  das ist: zum Leben kommen.

  Licht ist der Anfang,
  Hebamme zum eigenen Leben,
  Licht schenkt uns immer wieder den Neuanfang:
  Ob wir ein Licht anzünden,
  ob uns ein Licht aufgeht.

Licht macht uns zu einem Anfang:
Mit jedem Menschen, der geboren wird –
ein neuer Anfang Gottes im Licht.

- **Lesung**

»Und Gott sprach: Es werde Licht! Und es ward Licht. Und Gott sah, dass das Licht gut war. Da schied Gott das Licht von der Finsternis und nannte das Licht Tag und die Finsternis Nacht. Da ward aus Abend und Morgen der erste Tag« (1. Mose 1,3-5).

Der Weg des Lichts
Licht breitet sich aus
von der Quelle in schnellen Wellen;
in Lichtjahren durchdringt es die Dunkelheit des Alls.

Wie alles Erschaffene hat Licht seine Grenzen:
Es wird schwächer fern von der Quelle;
es wird eingedämmt durch festes Material.

Deshalb die Weisung:
Bleibt bei dem Licht als Kinder des Lichts,
stellt euer Licht nicht unter den Scheffel!

Lied: Ein Licht weist den Weg (EG 555,2-3)

- **Segen**

Gott,
segne uns im Licht dieser Stunde,
segne uns mit deiner Nähe
und der alles umschließenden Stille.
Segne uns
und öffne unsere Herzen füreinander.
Von dir gesegnet gehen wir in die Nacht,
dem Tag entgegen,
der auf uns wartet.
Amen.   *(G. Ulmer)*

Begleitlied: Gottes Wort ist wie Licht in der Nacht
(dabei aus der Kirche hinausgehen)

➤ Zwischenstation
Nach ca. 4 km Weg, bei Sonnenuntergang

- **Lied: *Abend wird es wieder***
  Es wird gesungen, bis alle Wandernden hier angekommen sind.

➤ 2. Station
- ***In einer Kirche – Thema: Bei Anbruch der Nacht Läuten***

Stärkung vor der Kirche (Brot, Trauben, Käse, Leitungswasser); WC-Möglichkeit anbieten

- ***Musik*** (in der Kirche, bis alle in der Kirche sitzen)

- ***Begrüßung*** (Ankommen, Hinführung zum Thema, Dank fürs Essen)

- ***Lied:*** Diesen Tag, Herr, leg ich zurück in deine Hände (EG 671)

- ***Meditation***

Den Tag ablegen
    Diesen Tag, Herr, leg ich zurück in deine Hände. Um meinen Tag in Gottes Hände zurückzulegen, muss ich mir zuallererst bewusst machen, was diesen Tag ausgemacht hat.

Deshalb möchte ich nun diesen Tag in Gedanken mit Ihnen durchgehen. Schließen Sie einfach die Augen und hören Sie in sich hinein bei den Gedanken an den vergangenen Tag.

Bin ich noch unruhig – halten mich die Ereignisse des Tages noch fest?
    Oder habe ich durch das Gehen, das Wandern schon zu Ruhe, Stille und Gelassenheit gefunden, wie es diesen Abendstunden entspricht? Ich lasse meinen Atem fließen und nehme wahr, wie ich da bin – mit meinen Gedanken, mit dem Herzen, mit meinen Sinnen.

Ich denke an heute Morgen: Bin ich fröhlich aufgestanden oder mit dem linken Fuß? In welcher Stimmung habe ich meinen Tag begonnen? War ich froh über das Geschenk dieses neuen Tages – oder war er von Anfang an so zugepackt, dass es mich ängstigte?

Musste ich mir meinen Weg durch den Tag mühsam zurechtsuchen – oder bin ich geradlinig durch den Tag gehetzt – ohne Rückschau, ohne Rücksicht auf mich und andere?

Habe ich heute Sonne und Licht in mein Leben gelassen, in mein Innerstes, in mein Herz?

Ist das, was ich mir für heute vorgenommen oder erträumt hatte, wirklich geworden, oder habe ich das Gefühl, viel versäumt zu haben? Hatte ich gute, tragende Begegnungen, oder solche, die meine Kräfte verzehrten?

War mein Tag mehr von dankbarer Stimmung geprägt oder mehr von Klage?

Empfand ich heute Hass, Neid und Verzweiflung – oder war mein Tag geprägt von Liebe, Dankbarkeit, Getragensein und Freude? Hat Sehnsucht diesen Tag bestimmt oder habe ich ihn als Geschenk erlebt? Gebe ich dem Rhythmus von Tag und Nacht sein Recht oder versuche ich auf Kosten der Nacht, den Tag zu verlängern, die Phase der Aktivität über jene der Ruhe zu stellen?

Klang die Melodie dieses Tages zusammen mit dem, was mir als Lebensmelodie zugedacht ist? Jetzt spüre ich meinen Herzschlag, meinen Atem, meinen Puls, spüre wie die Phase der Aktivität dem Zeitraum der Ruhe entspricht. So spüre ich auch die beiden Pole in meinem Leben:

Ausruhen und Kraft schöpfen – arbeiten und betriebsam sein. Wie mit diesen Rhythmen ist es auch mit dem Wechsel von Tag und Nacht:

Kommen und gehen, geben und nehmen.

Ich frage mich, ob ich diesen heutigen Tag dankbar oder auch hinterfragend aus Gottes Hand genommen habe.

Jetzt am Abend darf ich diesen Tag, wie auch immer er verlaufen ist, in die Hände Gottes zurücklegen, um morgen, nach der Verwandlung in der Nacht, neu anzufangen. *(G. Ulmer)*

- *Stille*

Musik führt aus der Stille und intoniert *Gottes Wort ist wie Licht in der Nacht* (mitsingen, mitsummen)

Im Vertrauen auf Gott gehen wir in die Nacht hinaus und *schweigen* auf unserem Weg.

Segen (wie bei 1. Station)

(Die Leute verlassen schweigend die Kirche.)

➤ 3. Station
- *An einem Baum –*
Thema: Die Mitte der Nacht ist der Anfang des Tages

Kerzen / Teelichte anzünden (die ersten Ankommenden intonieren oder summen dabei)

Lied: Gottes Wort ist wie Licht in der Nacht

Bewegung / Tanz: *Karew Yom* (Dein ist der Tag, dein ist die Nacht; trad. Israel)

Zum Tanz Karew Yom:
Der Text des chassidischen Liedes, das wir nun tanzen wollen, lehnt sich an an die Pessach-hagadah, wo es heißt:
»Bring nahe den Tag, der weder Tag ist noch Nacht.
Erhabener, verkünde, dass Tag und Nacht dein sind.
Setze den ganzen Tag und die ganze Nacht Wächter über deine Stadt.
Und erleuchte, wie das Licht den Tag, so auch die Finsternis der Nacht.«

Dieses Geben und Nehmen von Tag und Nacht begegnet uns auch in der Gestik des Tanzes:

Wir gehen zur Mitte aus der Dunkelheit mit Schritt, Schritt, wiegen, zweimal drehen in der Mitte, die Hände mit den Handflächen nach oben (empfangend).

Gehen mit Schritt, Schritt wiegen wieder rückwärts aus dem Kreis, nehmen dabei das Empfangene vor unser Gesicht (schauen es an) und mit weiterem Schritt, Schritt, wiegen zurück, indem wir das Geschenk in uns hineinnehmen.

(Die Teilnehmer zunächst üben lassen.)

Im Geben und Nehmen sind wir eingebunden in den täglichen Wechsel von Tag und Nacht: wir dürfen den Tag aus Gottes Hand nehmen und ihn in der Nacht in Gottes Hand zurücklegen. *(Rechte der Tanzchoreographie bei Nanni Kloke.)*

- *Tanz*

    Abschluss des Tanzes mit:
    In der dunklen Nacht

    > In der dunklen, dunklen,
    > dunklen Nacht beginnt das Licht!
    > Geheimnisvolle dunkle Nacht,
    > so still und nichts geschieht,
    > Zeit vor der Zeit, ganz stumm und weit,
    > in die gar niemand sieht,
    > bist schwer und träge wie Gestein,
    > nichts bleibt zu tun, nur wachen – sein,
    > bis am tiefsten Punkt der Nacht
    > gebiert sich neu das Licht ganz sacht.
    > *Arunga Heidn*

- *Fackeln anzünden*

    Wir bleiben im Schweigen und gehen mit dem

Segen (wie bei 1. Station)

➤ 4. Station
- **Auf einem freien Platz – Thema: Lichtblicke**
(Wir stehen im großen Kreis, Fackeln löschen und einsammeln.)
Lied: Gottes Wort ist wie Licht in der Nacht

- *Hinführung zum Thema:*
  Erst im Dunkeln ist Licht Licht,
  erst im Tod erkennen wir das Leben.
  Alles Dunkel endet im Licht;
  Licht ist stärker als das Dunkel;
  Licht ist die Hoffnung, den Tod zu überwinden.

  Wenn wir im Finstern den Weg nur schwer finden,
  wenn es kritisch ist im Leben
  und wir nicht wissen, wie es weitergeht,
  dann brauchen wir Lichtblicke.
  Ein Lichtblick kann die Erinnerung
  an vergangenes Licht sein,
  das wir aktivieren, neu anzünden,
  wie eine Kerze,
  um das Dunkel zu bestehen.

  Ein Lichtblick kann Licht von außen sein,
  das uns einer aufsteckt,
  wie eine Sternschnuppe in der Nacht,
  wie ein Streichholz,
  das uns anzündet
  und unser verlöschendes Leben wieder zum Leuchten bringt.

  Lichtblicke auf dem dunklen Weg
  machen Hoffnung auf mehr Licht.
  Lichtblicke in meinem Leben …
  Wo sind sie?

  Wir teilen sie uns einander mit und teilen sie miteinander auf dem weiteren Weg durch die Nacht. *(B. Daxer)*

Entzünden eines großen Streichholzes mit den Worten
»Es ist besser ein Licht anzuzünden, als über die Finsternis zu klagen«.

Austeilen der Streichholzschachteln
Die Streichholzschachteln wurden mit dem o. g. Spruch beklebt.

Segen (wie bei 1. Station)

➤ 5. Station
• *In einer Kirche – Thema: Ein Licht geht uns auf*

Ankommen im Dunkeln: Osterkerze brennt.

Musik: Bis alle ankommen und sitzen.

Worte zum Ankommen: Anleitung zum Kerzen entzünden mit den Streichhölzern in Gedanken an einen Lichtblick, Dank für die Bewahrung.

Lied: Komm, göttliches Licht (EG 575)

Meditation:
    Wenn es wieder hell wird,
    wo es dunkel war,
    wieder warm,
    wo es kalt war,
    wenn wir wieder miteinander sprechen
    und uns kein Schweigen mehr trennt,
    dann wird das Leben wieder neu.

    Vielleicht geht dir mitten in der Nacht
    plötzlich ein Licht auf.
    Vielleicht hörst du unverhofft
    eine neue Botschaft.
    Vielleicht erfährst du schmerzhaft,
    dass du Altes zurücklassen musst.
    Vielleicht spürst du:

So kann es nicht bleiben.
Vielleicht wirst du aufgefordert,
aufzustehen und aufzubrechen.
Aber:
Was nützt es,
wenn uns ein Licht aufgeht,
wenn wir Möglichkeiten sehen,
wenn wir den Anfang vernehmen ...
      und nicht aufstehen
      nicht einstehen
      nicht aufbrechen
      nicht handeln?
Wir werden aufbrechen,
zurücklassen, was uns hemmt,
verwirklichen, was wir spüren,
unser Leben neu gestalten, wirklich sein.
Immer wieder geht uns ein Licht auf,
das uns klar macht, was uns entspricht.
Immer wieder erscheint uns ein Licht,
das uns den Weg weist.   (B. Daxer)

Lied: Komm, göttliches Licht (EG 575); 3-5-mal singen

Vaterunser

Worte des Abschieds:
    Begleitet von den Worten des Segens gehen wir durch die Nacht nach Hause.

Segen zur Nacht
> *Gott*
> Sonne des Tages
> und Stern der Nacht,
> *segne dich,*
> dass du nach all den Anstrengungen,
> die hinter dir liegen,

jetzt zur Ruhe kommst,
und behüte dich,
dass du dich in allem,
was dich an Ängsten umtreibt,
getragen weißt.
Gott lasse sein Angesicht leuchten über dir,
dass dir in dem,
was dir heute noch
aussichtslos erscheint,
morgen wieder
ein neuer Weg sichtbar wird,
und sei dir gnädig,
dass die Erschöpfung
neuer Zuversicht weicht
und die Freude
wieder aufblüht in dir,
und gebe dir Frieden,
dass du dein Leben annehmen kannst,
so, wie es ist.
  Christa Spilling-Nöker

Musik beim Hinausgehen: *Gottes Wort ist wie Licht in der Nacht* wird intoniert.

Cornelia Mack

Kirche mit allen Sinnen erleben

Zielgruppe: Frauen jeden Alters
Personenzahl: keine Begrenzung
Ort: in einer Kirche und evtl. – für das Essen und die Workshops – ein Nebenraum oder Gemeindehaus

▶ Vorbemerkung

Jede Kirche hat eine eigene Aussagekraft. Es kann sehr reizvoll sein, diesen Botschaften im Rahmen eines Festes oder einer festlichen Begehung nachzuspüren und so auch zum Kirchengebäude vor Ort eine neue innere Beziehung aufzubauen.

Jede Kirche hat ihre Besonderheiten. Über diese muss sich das Vorbereitungsteam vorab gut informieren: z.B. Name der Kirche, Erbauungszeitraum, Stifter, Gründer, Erbauer (bei neueren Kirchen evtl. noch lebende Architekten interviewen), Besonderheiten in der Innengestaltung (besondere Kunstwerke, Fenster, Orgel, Glocken, Altar, Kanzel, Taufstein, Kruzifix). Darum ist ein Gespräch mit Menschen, die die Kirche gut kennen, zur Vorbereitung sehr wichtig (z.B. Pfarrer, Mesner, Historiker).

Neben den individuellen Besonderheiten haben alle Kirchen mehrere interessante und allgemeingültige Grundaussagen.
Diese werden im Folgenden erklärt und können als Gerüst für einen festlichen Abend genommen werden.

Dieser kann mit mehr oder weniger Informationen gefüllt werden. Er kann auch so gestaltet werden, dass an den einzelnen Halte- oder Erklärungspunkten jeweils Gebetsstationen vorgesehen sind, an denen man den Teilnehmerinnen Zeit lässt zur Stille, zum Gebet, zum Loslassen, zum Kraftschöpfen (Anhang 10).

➤ Ablauf

✗ Treffpunkt vor der Kirche (oder evtl. auf einer Anhöhe, von wo aus die Kirche schon von weitem zu sehen ist), dort Erklärung zur allgemeinen Bedeutung einer Kirche (Anhang 1), zum Standort (Anhang 2), zu Glockenturm und Glocken (Anhang 3), Name, Einweihungsjahr oder Erbauungszeitraum (Anhang 4) geben.
Evtl. Bezug zur damaligen historischen Situation nehmen.

✗ Direkt vor der Kirche – wenn möglich – die Glocken läuten lassen und den Klang im Schweigen auf sich wirken lassen (evtl. direkt anschließend Turmbesteigung und Besichtigung der Glocken).

✗ Eintreten in die Kirche: Alle versammeln sich im Eingangsbereich.

✗ Lied – z.B. Kanon: EG 175 Ausgang und Eingang / EG 165 Gott ist gegenwärtig / EG 166 Tut mir auf die schöne Pforte.

✗ Den Frauen ca. 10 Minuten Zeit zum Umhergehen lassen, um die Kirche auf sich wirken zu lassen, sie mit allen Sinnen zu erfassen: »Was sehe, höre, rieche, taste, spüre ich?« – nebenher evtl. leise (Orgel-) Musik.

✗ Treffpunkt ist wieder beim Eingang. Danach folgt eine Erklärung zum inneren Aufbau einer Kirche (siehe Anhang 5).

✗ Betrachtung der einzelnen Kunstwerke (Anhang 6) oder Symbole (Anhang 7-9) – dazwischen Lieder und entsprechende Bibeltexte. So kann man in jeder (auch neuen) Kirche z. B. beim Taufstein, Kruzifix, Altar mit aufgeschlagener Bibel, Parament, Fenster (Vorschläge in Anhang 10) innehalten. – Achtung: je nach Jahreszeit kann es sinnvoll sein, mit den Glasfenstern zu beginnen, solange noch Tageslicht einfällt. Im Winterhalbjahr kann man auch schon vor der Kirche die Glasfenster von außen betrachten und innen alle Lichter anschalten (wenn die Beleuchtung innen ausreichend ist).

✗ Vor dem Abschluss evtl. den Frauen nochmals Zeit zur persönlichen Stille und zum Innehalten an besonderen Punkten oder Stationen geben.

✗ Abschluss mit Segen oder Lied (z. B. EG 170 Komm Herr, segne uns / EG 171 Bewahre uns Gott)
✗ Einladung zu einem Imbiss / Büfett und / oder Workshops (siehe Anhang 11 und 12)

➤ Anhang
• 1. Das Kirchengebäude – ein Wegweiser zum Himmel

Die meisten Kirchen haben einen weithin sichtbaren Kirchturm. Häufig ist dieser das höchste Gebäude im ganzen Umkreis und sieht aus wie ein hoch aufgerichteter Zeigefinger. »Sieh zu Gott, das irdische Leben oder Glück ist nicht alles, es gibt ein Ziel unseres Lebens, den Himmel.« Früher hat man Kirchen häufig zusätzlich auf Anhöhen errichtet, um damit noch mehr zu zeigen, dass es etwas gibt, das über unser irdisches und manchmal auch schweres Leben hinaus reicht. Eine Kirche ist also wie ein Schnittpunkt zwischen Himmel und Erde, eine Erinnerung an unsere himmlische Heimat. Deswegen wurden die Kirchen in früheren Zeiten oft mit viel Pracht ausgeschmückt, als Vorgeschmack auf die himmlische Heimat. Viele Kirchen haben – in der Aufsicht – eine Kreuzform.

Das Wort »Kirche« leitet sich ab aus dem griechischen »kyriakae« (dem Herrn gehörig). Jede Kirche soll ein Ort der Gottesbegegnung sein, ein Ort, an dem wir gestärkt und neu ausgerichtet werden, »dem Herrn gehörig«. Ein mittelalterlicher Satz lautet: »Die sichtbare Kirche ist ein Symbol für die unsichtbare Kirche.«, ein Zeichen für die Gemeinde von Jesus, die sich hier trifft.

• 2. Standort

Kirchen wurden im Mittelalter (nach Möglichkeit) so gebaut, dass der Chorraum nach Osten zeigt, zur aufgehenden Sonne hin, als Sinnbild für die Auferstehung von Jesus am Morgen des dritten Tages. »Orieri« (lateinisch) heißt »aufgehen«. Unser Wort Orient und Orientierung kommen von diesem Wort. Die Kirchen sind also nach Osten, in den »Orient« ausgerichtet, »orientiert«. Die Gemeinde sitzt im Gottesdienst nach Osten, orientiert auf die Auferstehung von Jesus. Häufig findet man im Chorraum auch entsprechende Glasfenster, die zur Meditation und inneren Ausrichtung auf ein biblisches Thema oder eine Geschichte helfen wollen. Wenn also am Morgen Gottesdienst gefeiert wird, scheint von Osten her Licht in die Kirche, deren Fenster häufig ein entsprechendes biblisches Bild zeigen.

• **3. Glockenturm und Glocken**

Der Kirchturm ist ein optisches Zeichen auf den Himmel, die Glocken setzen ein akustisches Zeichen. Die Glocken erschallen zum Lob Gottes, ihr Klang steigt zum Himmel empor wie ein Gebet.

Früher waren die Kirchturmuhren oft die einzigen Uhren in einem Ort, die die Tageszeiten anzeigten (Hammerschlag an der Glocke). Zusätzlich läuten sie morgens, mittags und abends (freies Schwingen) und rufen die Menschen zum Gebet. Sie sollen mitten im Alltag an Gott erinnern und für einen Moment dazu auffordern, die Arbeit ruhen zu lassen und still zu werden, zu hören oder zu beten. Die Läuteordnung ist von Ort zu Ort verschieden, darum auch die Uhrzeit des Glockenläutens. Glocken zeigen auch den Beginn des Gottesdienstes an, sind also eine Einladung.

Häufig gibt es in Glockentürmen nicht nur eine, sondern mehrere Glocken. Diese sind klanglich immer aufeinander (in der Regel pentatonisch) und auf Kirchenglocken im Umkreis abgestimmt.

• **4. Kirchen-Baustile im Überblick**

Schon an den äußeren Merkmalen können Kenner den Entstehungszeitraum einer Kirche erkennen.

Romanik (ca. 1000-1250)

Rundbögen, einfacher wuchtig wirkender Rechteckbau oder dreischiffige Basilika (hohes Mittelschiff, halbhohe Seitenschiffe), halbrunder, gewölbter Altarraum, Krypta, Holzdecke oder massives Tonnen- oder Kreuzgewölbe, kleine hochsitzende Rundbogenfenster.

Gotik (ca. 1250-1500)

Spitzbögen, drei oder fünfschiffige Hallenkirche, hohe Steingewölbe, aufstrebendes Innengewölbe (Hochgotik: Kreuzrippengewölbe), große Fenster mit Spitzbögen und Rosetten, farbig verglast, sehr hohe Kirchtürme, filigrane Steinkunst (je später erbaut, desto feiner und ornamentaler die Kunst in Holz und Stein).

Renaissance (ca. 1500-1620)
Breitere Bauten nach antikem Vorbild (ionische oder korinthische Säulenkapitelle), hohe Kuppel, Gewölbe- oder Kassettendecken, Fenster meist rechteckig mit Ziergiebeln, die Waagerechte ist mehr betont, weite helle Räume, wenig Glasmalerei, dafür freistehende Marmorstatuen.

Barock (ca. 1620-1780) und Rokoko (ab 1730)
Reich ausgestattet mit viel Marmor und Gold, starke Dynamik durch Licht, Architektur und Kunst, illusionistische Deckenmalerei, schmiedeeiserne Altargitter, Plastiken reich vergoldet, Faltenfülle der Gewänder.

Klassizismus (ca. 1780-1850)
Gegenbewegung zu den ausufernden üppigen Formen des Barock und Rokoko, Rückgriffe auf die griechisch-römische Kunst, klare schlichte Grundformen, keine Malerei, Innenraum nüchtern, in weiß und grau gehalten.

Historismus (1830-1900)
Stilformen der Romanik und Gotik werden aufgenommen.

Beginn der Moderne (ca. 1900)
Jugendstil und Betonbau.

Da den Erbauern häufig das Geld ausging, gibt es viele Kirchen in denen mehrere Baustile zu finden sind (z.B. Romanik und Gotik usw.).

- **5. *Innerer Aufbau einer Kirche***
Vor allem die gotischen Kirchen sind so gestaltet, dass man beim Eintreten in den Kirchenraum automatisch nach oben schaut. Die Erbauer haben die Linien und Beleuchtung des Kircheninnenraumes so gestaltet, dass der Blick nach oben gezogen wird. Dies war Absicht: »Schau weg von dir und deinen Sorgen, schau zu Gott, der dich liebt und dir helfen will, mit deinem Leben zurecht zu kommen.« Bei neueren Kirchen wird der Blick oft erst auf besondere Kunstwerke oder Glasfenster gelenkt.

Manche mittelalterliche Kirchen haben noch eine weitere Besonderheit: sie nehmen den Besucher in eine heilsgeschichtliche Erzählung mit. Im oder vor dem **Eingangsbereich** befindet sich (vor allem bei Klosterkirchen) das so genannte »Paradies« oder Bilder von der Schöpfung. Der Beginn der Geschichte Gottes mit den Menschen ist die Schöpfung und der Sündenfall. Darum ist das Portal oder der Eingangsbereich meistens mit entsprechenden Darstellungen versehen

Im **Innenraum** geht man dann einen »heilsgeschichtlichen« Weg, der in Bildern oder Skulpturen aus dem *Alten Testament* (Urväter, Könige und Propheten) und dem *Neuen Testament* (Apostel, Märtyrer) dargestellt wird. Die *Wiederkunft Christi und das Weltgericht* (meistens im Chorraum genau am anderen Ende der Kirche) ist das Ziel, auf das wir zugehen.

Unser Weg ist also ein Weg von der Schöpfung und dem Sündenfall zur Erlösung durch Jesus, seine Auferstehung, das Weltgericht und Ewigkeit bei Gott.

So kann man beim Durchschreiten des Kirchenraumes in Gedanken den Weg Gottes mit seinem Volk nacherleben. Früher konnten die meisten Menschen nicht lesen, so waren die bildlichen Darstellungen auch eine Bilderbibel für Analphabeten.

Der Ort des **Kruzifixes** spielt dabei eine wichtige Rolle. Es steht meistens im Sichtfeld zwischen dem Weltgericht und dem Betrachter. Das bedeutet: wenn ich das Geschehen am Kreuz für mich annehme, bin ich in der Ewigkeit auch bei Gott zu Hause.

In Kirchen, die vor der Reformation erbaut wurden, stand der **Taufstein (oder das Taufbecken)** oft im Eingangsbereich, so dass die Eintretenden sofort an die errettende Kraft der Taufe erinnert wurden. Kein Ungetaufter durfte die Kirche betreten. Seit der Reformation lag die Betonung mehr auf der Aufnahme in die Gemeinde und die Taufsteine wurden mehr in die Altarnähe und damit ins Blickfeld der Gottesdienstgemeinde gerückt.

Häufig finden sich auch symbolische Darstellungen auf Taufsteinen z. B. die bösen Mächte in Gestalt von Tieren, von denen wir erlöst werden, oder Jona (als Zeichen für die Auferstehung nach drei Tagen), Durchzug durchs Rote Meer, Johannes der Täufer. Der Taufstein hat häufig eine achteckige Form (Zeichen der Vollendung in der Auferstehung).

Die **Kanzel** ist der Ort der Verkündigung (Predigt), häufig mit einem Deckel versehen, der oft eine Inschrift oder auch bildliche Darstellungen enthält. Das hat zum einen akustische Gründe, ist zum anderen aber auch ein Zeichen, dass der Verkündiger sich unter Christus oder unter das Wort Gottes und nicht darüber stellt.

Der **Altar** hat eine hervorgehobene erhöhte Stellung in der Kirche. Dort wird Abendmahl gefeiert, liegt die aufgeschlagene Bibel, brennende Kerzen und das Kruzifix steht darauf oder hängt darüber.

Ein **Lesepult** für die Lesung der die Predigt ergänzenden Bibeltexte gibt es nicht in allen Kirchen (vor allem nicht in neuen).

Orgeln sind besondere Instrumente, weil sie einen Klangreichtum und ein Volumen entfalten können wie kein anderes Instrument. Bereits eine mittlere Orgel verfügt über sieben Millionen Klangkombinationen. Schon ein einzelner Spieler kann sie erzeugen. Nicht nur diesem Umstand verdankt die Orgel den Beinamen »Königin der Instrumente«. Da Kirchen ein besonderer Ort des Lobes und eine Ausrichtung auf die himmlische Herrlichkeit sind, gehören dorthin auch besondere Instrumente. Doch selbst die schönste Orgel bietet nur einen kleinen Vorgeschmack auf die Musik, die wir in der Ewigkeit einmal hören werden.

Der Ort der **Glasfenster** lässt Licht auf bestimmte Gegenstände oder Bereiche fallen. Dies ist in mittelalterlichen Kirchen immer sehr bewusst durchdacht.

Die wichtigsten Kunstwerke (die Gott, Christus oder die Ewigkeit darstellen) sind stärker beleuchtet als diejenigen, die sich auf Menschen und unsere irdische Welt beziehen (Jünger, Märtyrer). Meistens liegt der Mittelgang (Weg der Menschheit) mehr im Dunkeln als der Chorraum (Ziel der Ewigkeit).

Bunte Glasfenster entwickeln ihre Pracht nur mit dem entsprechenden Licht. Ohne Licht (tagsüber von außen, nachts von innen) wirken die Fenster dunkel und haben keine Aussagekraft. Wer die Fenster bei durchscheinendem Licht ansieht, der erlebt eine nie geahnte Farbenpracht, weil das Licht das farbige Glas zum Leuchten bringt. Man kann dies auch auf das Leben im Glauben deuten. Wer das Licht ausschließt, sieht nicht die Schönheit in den Fenstern, wer aber Licht hinein scheinen lässt, sich auf ein Leben im Glauben einlässt, der wird Dinge sehen und erleben, von deren Wirklichkeit er vorher nichts geahnt hat. Es kommt auf den Standpunkt an, ob ich das Leuchten sehen kann oder nicht.

Paramente (Stoffbehänge an Kanzel und Altar) sind je nach Kirchenjahreszeit in verschiedenen Farben zu sehen:

Weiß ist die Farbe der Reinheit und Unschuld und des Lichtes (Weihnachten, Osterzeit, Trinitatis).

Violett ist Symbol der Reue und Buße (in der Adventszeit, während der Fasten- und Passionszeit vor Ostern, Buß- und Bettag).

Rot als Farbe des Feuers und des Blutes der Märtyrer (an Pfingsten sowie Fest- und Gedenktage der Kirche).

Grün steht für das Leben und die Schöpfung, Hoffnung (nach Epiphanias vor der Passionszeit und nach Trinitatis).

Schwarz ist die Farbe der Trauer (an Karfreitag).

- **6. Kunstwerke / besonders häufig vorkommende Themen**

Abendmahl, Adam und Eva, Auferstehung, Buch (Wort Gottes oder Buch des Lebens), Dornbusch, Dreikönige, Erdkugel (Symbol für Weltherrschaft), Engel, Fenster (Zeichen für Gebet, Verbindung zu Gott), Gestik der Hände (zeigen oder deuten), Himmel, Kreuz, Paradiesgärtlein, Regenbogen.

Sie alle eignen sich zum Innehalten, Meditieren, zur Textlesung und zum Gebet.

- **7. Symbole**

Anker – Hoffnung oder Halt

A & O – Anfang und Ende (im Griechischen ist O der letzte Buchstabe im Alphabet)

Bäume – Zeichen für Schöpfung / Lebensbaum

Drache und Schlange – verkörpert die Macht des Bösen

Dornen, Nägel – Leiden Christi

Ei – Auferstehungssymbol

Fahne – Sieg und Auferstehung

Flammen – Heiliger Geist, Gottes Gegenwart

Fisch – Ichtys (griech.: Fisch) zusammengesetzt aus den Anfangsbuchstaben von »Jesus Christus, Sohn Gottes, Retter«

Hahn – Wächter und Mahner (erinnert an die Verleugnung des Petrus in Lukas22, 54ff.), darum auch häufig auf Kirchturmspitzen
Lamm – Symbol für Christus, Zeichen der Unschuld und des Opfers
Labyrinth – Abbild menschlichen Lebens mit all seinen Prüfungen, Verirrungen und Umwegen
Lilie – Reinheit (häufig bei Maria)
Rose – Symbol für Maria, Zeichen der Liebe
Sense –Tod
Taube – Heiliger Geist (Lukas 3,21-22) und Friedenszeichen
Weintrauben – Abendmahl, Christus der Weinstock wir die Reben

• *8. Zahlen*

Drei – Dreieinigkeit (Gott Vater, Sohn und Heiliger Geist)
Vier – das Menschliche, Irdische: vier Himmelsrichtungen, vier Elemente, vier Jahreszeiten
Sechs – Zeichen für das unvollendete, z. B. Schöpfung in 6 Tagen, aber unvollendet ohne den siebten Tag
Sieben – das vollkommene, setzt sich zusammen aus drei und vier: Gott und Mensch. Diese Zahl spielt in der Offenbarung eine wichtige Rolle: sieben Sendschreiben, sieben Posaunen, sieben Zornesschalen.
Acht – steht für Auferstehung und Vollendung – (die Zahl über 7)
Neun – dreimal die heilige Zahl (3 x 3), steht für die himmlische Vollendung
Zehn – heilige Zahl, erinnert an die 10 Gebote, Gesetzestafeln
Zwölf – 3 x 4, Bezug zu 12 Stämme Israel, 12 Apostel, gilt als Heilige Zahl, Gott mischt sich in unser Menschsein ein (auch die Vielfachen von 12, z.B. 144 – gilt als »Engelsmaß«).

Viele Baumeister des Mittelalters legten die Zahlensymbolik ihren Maßen zugrunde, so z. B. das symmetrische Verhältnis 1:2:3 bzw. 10 + 20 + 30 + 20 + 10 und jeweils 5 Fuß für die Mauern (ergibt zusammen 100) als Grundmaß für die Breite.

- **9. Farben**
Rot, Blau und Grün gelten schon ganz früh als Farben für das Reich Gottes, seine Liebe, Himmel und Erde, Hoffnung, ewiges Leben **Gold** spielt in Kirchen nochmals eine besondere Rolle: Es erinnert an das Paradies, an die Ewigkeit, ewiges Glück, es signalisiert etwas Kostbares, Besonderes (häufig zu finden auf Ikonen, Mosaikbildern, mittelalterlichen Altartafeln, in Barockkirchen, Heiligenscheine).

- **10. Vorschläge für Gebets-Stationen**
1. *Station (Ausrichtung): am Altar mit aufgeschlagener Bibel*
Textlesung z. B. Psalm 84 oder Römer 12,1-2 oder Römer 8,31-39. Musik, Lied oder Stille
2. *Station (Erinnerung): am Taufstein*
Kleine Liturgie miteinander feiern (siehe auch S. 47f.). Geeignete Texte: Markus, 1,9-11, Apostelgeschichte 2,37-42, 1. Korinther 1,11-17, Galater 3,26-29, Römer 6,3-11. Danach Tauflied miteinander singen, evtl. Erklärung aus dem Katechismus Martin Luthers oder neuere Texte zur Taufe, Gebet (z.B. erster Teil EG, S. 1266).
3. *Station (Lasten ablegen): vor dem Kruzifix*
Sorgen, Trauer, Leid oder Schuld können losgelassen werden. Steine bereithalten als Sinnbild für Lasten, die losgelassen werden können. Lied: z.B. EG 618 (Wenn die Last der Welt); Textlesung: Jesaja 53,4ff. oder Römer 8,18-28; danach z.B. Taizé-Gesänge (Kyrie EG 178.9 / 178.10 / 178.12). Während der Lieder können Frauen einen Stein als Symbol für die eigenen Lasten aufnehmen und am (vor) dem Kreuz ablegen.
4. *Station (Hoffnung)*
Ein schön gestaltetes Parament, Fenster oder Kunstwerk eignet sich dazu, um den Blick der Teilnehmerinnen auf Hoffnungen und Verheißungen der Bibel zu richten. Textlesung: z.B. Lukas 24,1-6 oder 1. Korinther 15,1-26; Lied z.B. EG 576 Meine Hoffnung und meine Freude.
5. *Station (Ermutigung): vor dem Ausgang*
Textlesung z.B. Johannes 15,9-17, Lied z. B. nochmals EG 175, Segenszusage oder Segenssprüche.

- **11. Workshop-Ideen**
✗ aus Ytong eine Skulptur bearbeiten
✗ aus Modelliermasse eine Figur aus der Kirche nachgestalten
✗ ein Fensterbild im Stil eines Kirchenfensters gestalten (aus Transparentpapier oder Window-Colours)
✗ ein Kunstwerk oder eine Skulptur in der Kirche nachzeichnen
✗ ein Gebet oder Lied selbst schreiben

- **12. Büfett-Ideen**

Gebäck in Glocken- oder Kreuzform, als Notenschlüssel, Weihnachtsgebäck mit neunerlei Gewürz, 7-Kräuter-Suppe, Linsengericht (Esau) oder andere biblische Speisen.
Beispiele:

Saras Fladenbrot
Zutaten: 30 g Hefe, 2 EL Olivenöl oder weiche Butter, 1 TL Salz, 300 ml Wasser, 500 g frisch gemahlenes Weizenmehl

Davids Feldeintopf
Zutaten: 200 g Tellerlinsen, 200 g weiße Bohnen, 750 g Lammfleisch in Gulaschstücke geschnitten, 2 große Zwiebeln, 2 Knoblauchzehen, 2 EL Öl, 1 Liter Wasser, 2 TL Salz, $^1/_2$ TL Kurkuma, 2 EL Zitronensaft

Datteltorte Jericho
Zutaten: 100 g gemahlene Mandeln, 100 g gemahlene Walnüsse, 200 g feingeschnittene Datteln, 150 g Honig oder Zucker, 1 EL Rum oder Branntwein, 1 Prise Salz, 5 Eigelb, 2 EL Zitronensaft, 1 TL abgeriebene Zitronenschale, 5 Eiweiß zu festem Schnee geschlagen.
Zubereitung: Die 5 Eigelb mit dem Honig schaumig schlagen. Zitronensaft, Zitronenschale, Alkohol, Mandeln und Nüsse unterrühren. Vorsichtig den Eischnee unterheben. Den Teig in eine gefettete Form füllen und bei 180°C 45 Min. backen.

- ***Verwendete Literatur***

Goecke-Seischab, Margarete Luise / Ohlemacher Jörg: Kirchen erkunden – Kirchen erschließen, Kaufmann-Verlag 1998

- ***Weiterführende Literatur***

C. Mack (Hrsg.): Mit Frauen Gottesdienste gestalten, Hänssler Verlag

➤ Quellennachweis

S. 22/23   aus: Margot Bickel, Die Wüste befreit, © Verlag Herder, Freiburg im Breisgau, 9. Auflage 1996

S. 36   Abbildungen: © 2000 by Hans-Georg Anniès

S. 42/43   Das Lied der Lydia, Text: Johannes Jourdan, © ABAKUS Musik Barbara Fietz, 35753 Greifenstein

S. 91/92   »Die spRACHE Gottes« © S. Macht, Bayreuth – aus: Dein Name ist DuBistBeiMir: Gedichte, Gebilde, Gedanken

S. 96   »Wohin käme ich sonst«
gefunden in: Christel Voss-Goldstein und Anneliese Knippkötter, Vorschläge für Gottesdienste für Frauen, KlensVerlag, S. 49

S. 96   »Die Leben der Menschen sind wie Romane«, aus: Johann Hinrich Claussen / Thies Gundlach / Peter Stolt, Den Himmel auf die Erde holen, Literatur-Gottesdienste, © Kreuz Verlag, Stuttgart 2001, S. 92

S. 99   »Singen, singen, tut man viel zu wenig«, Kanon von Jan Bender, aus: Der Eisbrecher, Fidula-Verlag, Boppard/ Rhein

S. 104   Isolde Lachmann

S. 110   Thomas Eger, mit freundlicher Genehmigung des Autors

S. 115/116   aus: Südfunk Nr. 4, Juli 1968, zitiert nach Zeitschrift »Elektronikpraxis«

S. 128/129   aus: Sabine Naegeli, Die Nacht ist voller Sterne, © Verlag Herder, Freiburg im Breisgau, 17. Gesamtauflage 2004

S. 131   aus: Marie-Luise Langwald: Frauen-ge-danken, Patris Verlag GmbH, 4. Auflage, ISBN 3-87620-230-2

S. 133/134   Entstehungsgeschichte Lied, Rechte: Diakonissenmutterhaus Aidlingen

S. 138   »Pfr. Paul Deitenbeck erinnert sich ...«, nach: Neukirchner Kalender 1999, Kalenderverlag des Erziehungsvereins Neukirchen-Vluyn

S. 143/144   »Der Mensch lebt nicht vom Brot allein«, Verteilkarte Nr. K 154, © Stiftung Marburger Medien

S. 145   »Informationen zum Thema«, Auswertungs- und Informationsdienst für Ernährung, Landwirtschaft und Forsten (aid), Brot, 12. überarbeitete Auflage, 1996, Kölnische Verlagsdruckerei GmbH

S. 147   »Unser täglich Brot gib uns heute« von Martin Luther, aus: Martin Luthers Kleiner Katechismus mit Erklärungen, 24. Auflage, Hänssler Verlag

S. 147/148   »Brot, wo kommst du her?« von Rudolf Otto Wiemer, aus: Das Feierbuch der Schule, © Deutscher Theaterverlag Weinheim/Bergstraße

S. 148/149   »Das halbe Brot«: H. Hägele, nach einer Erzählung von Günther Schulze-Wegener, in: Ev. Kinderkirche 3/1982, S. 257f., Verlag Junge Gemeinde, Leinfelden-Echterdingen

S. 178/179   Choreographie Tanz: © Nanni Kloke

S. 182/183 aus: Gesegnetes Leben. Segensworte für den Tag, das Jahr und den Weg des Lebens, hrsg. von Martin Schmeisser, © Verlag am Eschbach der Schwabenverlag AG, Eschbach/Markgräflerland, 4. Auflage 2004 (Text gekürzt)

Trotz sorgfältiger Recherchen konnten die Quellen nicht immer zweifelsfrei festgestellt werden. Für Hinweise ist der Verlag dankbar.

hänssler

Cornelia Mack
Die Falle des Vergleichens
Tb., 96 S.,
Nr. 394.147, ISBN: 3-7751-4147-2

Cornelia Mack greift in ihrem Buch »Die Falle des Vergleichens« ein topaktuelles und für jede Frau interessantes Thema auf – der Vergleich mit anderen.

Frauen vergleichen sich ständig – mit der Freundin, mit der Nachbarin, mit der Schwester, der Mutter, der Tochter, ja, sogar mit fremden Frauen auf der Straße oder in der S-Bahn.

Die Folgen sind meistens Neid, Minderwertigkeitsgefühle, Undankbarkeit, Überheblichkeit oder auch Nörgelei. Solche Haltungen und Gedanken sind Fallen, die unser Leben blockieren, die uns ein erfülltes Leben verbauen und die uns in Unzufriedenheit oder Antriebslosigkeit führen können.

Cornelia Mack geht hier u. a. den Fragen nach: Wie können Frauen diese Blockaden durchbrechen? Wie kommen Frauen aus diesen Fallen heraus? Wie kann man verhindern, überhaupt in diese Falle zu treten?

Die Leserinnen finden Antworten auf diese und andere Fragen und entdecken, wie sie neue Wege gehen, neue Horizonte entdecken, Fallen erkennen und vermeiden und befreit mit anderen umgehen können. »Die Falle des Vergleichens« liefert eine Vielzahl an Informationen und Tipps, die jede Frau in die Praxis umsetzen kann.

Bitte fragen Sie in Ihrer Buchhandlung nach diesem Buch!
Oder schreiben Sie an den Hänssler Verlag, D-71087 Holzgerlingen.

hänssler

Cornelia Mack (Hrsg.)
Der große Ratgeber von Frau zu Frau
Gb., 654 S.,
Nr. 393.097, ISBN: 3-7751-3097-7

Das Handbuch, das Sie kompetent und ausführlich über die wichtigsten Themen, die Frauen beschäftigen, informiert: • Perfektionismus • Frau & Familie • Frau & Beruf • Fitness • Gelebter Glaube • u. a. m. Auch hervorragend geeignet als Leitfaden und Informationsquelle für Mitarbeiterinnen in der Frauenarbeit!

Bitte fragen Sie in Ihrer Buchhandlung nach diesem Buch!
Oder schreiben Sie an den Hänssler Verlag, D-71087 Holzgerlingen.